大
方
sight

MARILYN
MONROE

08

The Last Interview
最后的访谈

玛丽莲·梦露

[美] 玛丽莲·梦露 著
李文心 译

中信出版集团 | 北京

图书在版编目（CIP）数据

玛丽莲·梦露：最后的访谈/（美）玛丽莲·梦露著；李文心译. -- 北京：中信出版社，2024.10
书名原文：Marilyn Monroe: The Last Interview and Other Conversations
ISBN 978-7-5217-6560-1

I. ①玛… II. ①玛… ②李… III. ①梦露(Monroe, Marilyn 1926-1962) －访问记 IV. ① K837.125.78

中国国家版本馆 CIP 数据核字 (2024) 第 112238 号

MARILYN MONROE: THE LAST INTERVIEW AND OTHER CONVERSATIONS
by MARILYN MONROE WITH AN INTRODUCTION BY SADY DOYLE
Copyright © 2020 BY MELVILLE HOUSE PUBLISHING
This edition arranged with MELVILLE HOUSE PUBLISHING
Through BIG APPLE AGENCY, INC., LABUAN, MALAYSIA
Simplified Chinese translation copyright © 2024 by CITIC Press Corporation
ALL RIGHTS RESERVED
本书仅限于中国大陆地区发行销售

玛丽莲·梦露：最后的访谈
著者： ［美］玛丽莲·梦露
译者： 李文心
出版发行：中信出版集团股份有限公司
（北京市朝阳区东三环北路 27 号嘉铭中心 邮编 100020）
承印者： 河北鹏润印刷有限公司

开本：880mm×1230mm 1/32 印张：3 字数：65 千字
版次：2024 年 10 月第 1 版 印次：2024 年 10 月第 1 次印刷
京权图字：01-2024-2351 书号：ISBN 978-7-5217-6560-1
定价：35.00 元

版权所有·侵权必究
如有印刷、装订问题，本公司负责调换。
服务热线：400-600-8099
投稿邮箱：author@citicpub.com

目录

1 **引言**
萨迪·道尔

11 **玛丽莲·梦露问答**
采访者 海伦·霍弗
《电影杂志》,1954 年 1 月

21 **全新的玛丽莲·梦露**
采访者 皮特·马丁
《星期六晚邮报》,1956 年 5 月 5 日

47 **对话玛丽莲**
采访者 威廉·J. 韦瑟比
《对话玛丽莲》,1961 年(1976 年首次出版)

77 **最后的访谈:"与孤独女孩的最后一次长谈"**
采访者 理查德·梅里曼
《生活》杂志,1962 年 8 月 17 日

她是一位演员，而且是一位伟大的演员，
她创造了二十世纪最不可磨灭的角色之一，
人们回报她的却是无视这一切，
而只是将之视为纯粹的"个性"。

INTRODUCTION

引言

萨迪·道尔

"我常常在采访中发现,"玛丽莲·梦露曾在一次采访中说,"我收到的提问总是在期待一种特定的答案,让我看起来是某种特定类型的人。比起我的回答展现我是什么样的人,这些问题更能揭露提问者本人是什么样的人。"

人们总是津津乐道,玛丽莲·梦露的一生都是他人幻想的投射——甚至死后也是。"我们〔向所有人〕直言不讳这笔交易的内容,"1956年,将梦露推向市场的那位好莱坞宣传经纪人告诉《星期六晚邮报》,"我们说:'这个女孩儿未来无限:她脸蛋漂亮,身材性感,你对她感兴趣吗?'摄影师们对模特的想象各有不同,但梦露能满足所有人的想象。生意就是这样一桩桩谈成的。"

这些男人将梦露想象成二十世纪中叶最著名的性感符号;梦露对表演态度严肃,却因为上表演课而备受嘲笑;她拥有出奇的喜剧才能,却从未因此受到赞赏,即使那些最著名的金句桥段都出自她本人之手。(几个经典例子:媒体们编造她是在工作室照看孩子的时候被星探发掘的,她说:"你会期待他们的想象力更丰富一些,至少说我是在照看男人的时候被发现的";在她早期的海报中,她在海边摆出各种姿势,她直言:"你看那些照片,你甚至看不见多少大海,因为你看到的都是我。")人们太热衷于引用梦露的话,以至于在她去世几十年后,"病毒式假玛丽莲·梦露名言"仍传播得到处都是。任何处于"赋权"和女性情感交会点的漂亮话——"如果你不能接受我最糟糕的一面,那么你也不配拥有我最好的一面""给女孩一双合适的鞋,她就能征服世界""极致可笑也好过极致无聊"等——最终都被归于她名下,这些名言被用 Photoshop 配在一张她微笑的照片上,发到 Instagram 上就能收获无数点赞。

玛丽莲·梦露对自己的形象有着敏锐的洞察,她肯定会看到其中的讽刺:Pinterest 板块上诸多"赋权"的准女权主义者玛丽莲·梦露只不过又是一个投射出来的幻想,并不比愚蠢的金发女郎或人尽可夫的性感尤物更准确。她一生都被剥夺了为自己发声的权利,死后又继续因为从未说过的话而闻名。

*

贯穿本书的,是不断经由他人目光对玛丽莲·梦露的定义。梦露的成名早于我们当今对名人问答的狂热,尽管她对几乎要把闪光灯和麦克风都架到她脸上的狗仔队并不陌生,但她的形象主要还是通过长篇报道呈现给读者的。记者总是有机会用长篇大论发表对梦露的见解;在这些报道中,记者本人始终是故事中的主角,即使他们扮演的角色总是相当于"同玛丽莲·梦露调情的人"。

梦露的个人特质从一开始就被大肆强调。我们首次了解她是在 1951 年由罗伯特·卡恩为《科利尔》杂志撰写的专访中,该专访甚至在引述梦露原话之前,就先提供了她体重和三围的精确数据，并称她为"标准的好莱坞金发女郎，配有经典的扑闪而浓密的睫毛、一个温暖所有人的微笑，和一颗空空如也的脑袋"。

即便如此，这个人物塑造仍然让人感到不舒服——就像一位朋友告诉卡恩的那样，"玛丽莲的灵魂与她的身体不相称"。是的，悲剧早就存在。梦露原名诺玛·简·莫特森（Norma Jean Mortenson），由患有精神疾病的母亲独自抚养。所以当母亲被认定为没有抚养能力后，梦露就成了孤儿。她辗转于多个寄养家庭，被不止一名男性抚养人忽视和遗弃，甚至性虐待。玛丽莲成年之后，见过她的男性都觉得她受过的创伤反而更令人兴奋："她浑然天成的美感加上后天的自卑情结，为她增添了神秘感。"为她拍摄试镜的男人这样说。比一个美丽女孩更有吸引力的事，就是一个美丽而悲伤的女孩像面对救世主一样向你敞开心扉。

更可怕的是，玛丽莲·梦露非常聪明。尽管小女孩诺玛·简几乎没人照顾，被迫在虐待她的家庭之间辗转，但她还是在学校里得过各种写作奖。因为在学业上表现出色，她直接跳过了七年级。在玛丽莲数不胜数的丑闻生涯中，有一件事至关重要——如果你现在还有所怀疑，那接下来光是这本书中就会提到很多次——梦露说她想在《卡拉马佐夫兄弟》中扮演女主角格鲁申卡，从而间接承认她读过《卡拉马佐夫兄弟》，以及更令人震惊的是，终于承认了她其实也会读书。

梦露知道人们对她的期望是什么——"任何女孩如果［对被吹口哨］感到不悦，都应该搬到没人的荒岛上去。"1954年，她对《电影杂志》说过这样消极的论调——但她的智慧却一直在突破角色对她的限制,终于,她离开洛杉矶,前往纽约的一家演员工作室上表演课。梦露开始戴着眼镜出现在公众面前,把头发扎成马尾辫,最重要的是,她还读书。一瞬间,整个行业对她的蔑视全都涌了出来。

同梦露共事过的男性对她的评价读来也格外残忍。"她真诚地希望努力提升演技,"《热情似火》和《七年之痒》的导演比利·怀尔德先向《星期六晚邮报》承认这一点,然后转向贬损,"如果她一心想要变得有艺术性和敬业精神,以至于愿意为此穿宽松的毛衣、不化妆、让一头金发像绳子一样直直挂下来,她需要明白这并不是如今让她如此出色的原因。"后来在同一篇报道中,作者向一位好莱坞宣传人员询问了他目睹玛丽莲·梦露——此处需要震惊和喘气声——没有化妆而经受的心理创伤。而他的回答一同加害了所有女性,至少所有女演员:"如果她们的头发没有精心修饰;如果她们没有完美服装的加持,妆容也没有到位,那她们看起来就会很可怕……她们是被创造而成的金发女郎,而当你创造一个金发女郎时,你必须用精美的化妆和隆重的服装来完成你的创作,否则你只是完成了简单的组装工作。"

梦露痛苦地意识到自己是一个被创造出来的金发女郎,也许是那个唯一的被创造的金发女郎:一个由化妆品、礼服、喘着气的咯咯笑声和伪装成"愚蠢"失误的聪明段子拼凑而成的生物。但她是一位演员,而且是一位伟大的演员,她创造了二十世纪最不可磨灭的角色之一,人们回报她的却是无视这一切,而只是将之视为纯粹的"个性"。当玛丽莲·梦露短暂的生命即将结束时,她所面临的问题是，这个创造了经典金发女郎形象的女人是否还能扮演其他人。结局在一开始就注定：1951年《科利尔》杂志对她的报道中就说，"好莱坞金发女郎通常被认为是这个行业最容易被消耗的商品"。

*

玛丽莲·梦露在36岁时自杀身亡。直到现在，当我开始比她活得要久时，我才意识到那个年纪是多么年轻。她的悲剧让人哀叹，甚至被浪漫化和盲目崇拜——像是在我看来，你的一生真正活过之类的漂亮话——这似乎成了另一种幻想：一个对这个世界来说太善良太温柔的女孩，一旦没有人喜欢她，她就会自暴自弃。梦露自己也在思考她的脆弱形象背后的性别政治问题："我觉得个性强势会显得不够女性化，"她在接受理查德·梅里曼的最后一次访谈时说，这篇题为"与孤独女孩的最后一次长谈"的文章在她去世两周后刊登在《生活》杂志上，"我想我会满足于我现在的样子。"

然而，在35岁左右时，诺玛·简身上也呈现出强势的能量。她在反抗——或者更根本上是一种彻头彻尾的愤怒——她越来越没有办法活在伪装之下。她的政治立场逐渐显露；当被问及她的金发是否让她成为白种人的美丽符号时，她愤怒地拒绝了她应该是"丰满版安妮小姐[1]"的想法。她的酷儿身份被媒体谣传已久，

---

[1] 安妮小姐指刻板印象中的典型白人女性。——本书脚注均为译注

后来她在一次采访中不经意间承认了这一点:"只要有爱,性就没有错。"她在职业生涯早期告诉那些反对骚扰的女性,她们应该搬到没人的荒岛上去。然而在职业生涯的尾声,她也厌倦了自己一直被物化,并质疑自己对父权制的一贯认可:"多年来,我一直认为有父亲和婚姻就意味着幸福,"她对威廉·韦瑟比说,"我从来没有父亲——这不是我能花钱买到的!——但即使结了三次婚,我也还没有找到永恒的幸福。"

她告诉韦瑟比:"我的身体就像点亮灯泡一样激发了所有人的欲望,但几乎没有人将我看作是一个真正的人。玛丽莲·梦露成了一种负担,一种——怎么说呢?——仿佛背负了沉重的负担。人们对我期望太高,我有时挺讨厌他们。"

我讨厌他们。这不是一个溺水小猫或消极的奥菲莉亚式女性的声音。这是一名女性正当且正义的愤怒之声。如果我们重新看待玛丽莲·梦露,不把她视为一个悲剧,而是愤怒的化身,一切都会发生转变:酷儿代表、反种族主义者、女权主义者,能清楚地认识到大众对所谓理想女性的期许,且对此无比厌倦。

或者,我只是又一个把自己的欲望投射在玛丽莲·梦露身上的人?她的死亡模糊了个人故事发展的结局,让我不知道她本来最终会成为什么样的人。玛丽莲·梦露被永久冻结在了时间里,这让她永垂不朽——女神是永远不会度过40岁的生日的——但这也剥夺了她一直渴望的人性的复杂性。

"很小的时候,世界对我来说相当阴暗。所以我喜欢用游戏和自我欺骗来逃避这一切,"玛丽莲·梦露说,当一名演员"能在这一点上做得更好,可有时候我几乎完全逃离这一切,人们就再也不让我回到现实世界了。你被困在了自己的名声里。也许我永远都摆脱不了这一切了。"

距离玛丽莲·梦露去世,已经过去了半个多世纪,但这一切还没完。我们仍然停留在原地:每个人都喜欢她,但没有人真正了解她,而如今我们再也不能真正了解她了。我们只能从这些采访中略知一二:只有那个躲在愚蠢的金发女郎、性感尤物和不堪丑闻背后窥探的女孩,让我们敢于把自己的欲望暂且放在一边,有足够的时间来倾听她的声音。

我希望以一位优秀的演员身份为人所知。

QUIZZING
MARILYN MONROE

玛丽莲·梦露问答

采访者
海伦·霍弗

《电影杂志》(*Motion Picture Magazine*)
1954 年 1 月

以下是 1954 年 1 月《电影杂志》刊登的一次采访。杂志收集了读者提问，由记者海伦·霍弗向玛丽莲·梦露提问。

霍弗　你是为了男人穿着打扮的吗？
梦露　大多数女人不都是为了男人打扮的吗？男人和女人不是天然互相欣赏的吗？

霍弗　为什么你会穿低胸礼服？
梦露　我都没注意到。

霍弗　空闲时间你会做什么？
梦露　当一个女演员正在电影事业的上升期，就像我现在一样，是几乎没有空闲时间的。可是但凡我有一点时间，我会用来阅读和学习。

霍弗　在电影《尼亚加拉》中，你躺在床上时只裹着床单吗，还是下身穿着其他衣服？
梦露　我会按照场合需要穿着合适的衣服。

霍弗	你的理想男性有什么特征?
梦露	一个温柔而体贴的人,但我从来没有期待和想象过所谓"理想男性"。我怀疑这样的人是否真的存在。

霍弗	你如何看待自己是好莱坞最性感的女孩?
梦露	这个问题是不是有所暗示?

霍弗	你如何保持如此好的身材?
梦露	散步、健身,也学习控制体型。

霍弗	你如何看待有女演员试图在电影中模仿你?
梦露	这是一个自由民主的国家,没有人能垄断任何事。

霍弗	你的年龄、出生地和国籍是什么?
梦露	我在洛杉矶出生,生于6月1日。我是美国人。

霍弗	你每周会交往多少个男朋友?
梦露	你读了太多八卦专栏。

霍弗	你喜欢自己这样的类型吗,还是更愿意像安·布莱斯(Ann Blyth)或珍妮·克雷恩(Jeanne Crain)那样?
梦露	我喜欢就做玛丽莲·梦露,我会做到最好。做自己本来就是一个24小时的工作,不是吗?

霍弗　　你最大的缺点是什么?

梦露　　我有很多缺点,但最严重的是我很难记住一小时只有六十分钟。我总是迟到,但我无法改掉这个毛病。

霍弗　　你喜欢晚上着装打扮去出席正式场合吗?

梦露　　不喜欢。我也很少出席正式场合,我出席都是因为我想去,或者是和公司的人一起去的,出席这些场合是我工作的一部分。

霍弗　　你认为男性对你吹口哨是失礼的,还是你挺喜欢?

梦露　　任何女孩如果对被吹口哨感到不悦,都应该搬到没人的荒岛上去。

霍弗　　你的三围是多少?

梦露　　胸围37,腰围23.5,臀围37.5[1]——大概是这样,他们告诉我的。

霍弗　　你真的为日历拍过写真吗?

梦露　　是的。

霍弗　　你在屏幕上和在屏幕外表现一样吗?

梦露　　工作的时候,我在表演;在家的时候,我不会表演。

---

[1] 均为英寸,约合94厘米、60厘米、95厘米。

你在家里的时候,也会做着和秘书、销售员、老师、收银员或者其他工作一样的事情吗?为什么要把工作带回家呢?

霍弗 你最喜欢的消遣是什么?
梦露 散步。我可以一个人散步几个小时,我非常享受散步。

霍弗 你在学校受欢迎吗?
梦露 我没有得过什么受欢迎的奖,但我有许多好朋友。

霍弗 你每周有多少次约会?
梦露 当我拍电影的时候,我没有时间出去约会。不过,我不认为每周的约会次数有什么意义,那太傻了。如果有人邀请我出去,我很喜欢和他在一起的话,我就会和他们出去。如果我不喜欢,我宁愿在家待着。

霍弗 如果不做演员,你会想做什么?
梦露 这很有意思,但我从来没有考虑过演员以外的任何职业。

霍弗 你在现实生活中也像你在《尼亚加拉》中一样走路吗?
梦露 我从来没想过我是怎么走路的。但是电影中我扮的角色是和我本人完全不一样的女性，而且那种走路方式可以帮助呈现她的个性，所以我在电影中就那么走路了。但是我确信我现实生活中不那么走路。

霍弗　你对人们宣传你的方式满意吗？或者说除了你的身材，你是否更愿意以其他方式为人所知？

梦露　我希望以一位优秀的演员身份为人所知。

霍弗　你的初恋是谁？

梦露　大家不认识的人。

霍弗　你天生就是性感和魅惑的吗？你喜欢成为这种类型的女性吗？

梦露　类型是什么意思？我只是我自己——玛丽莲·梦露。

霍弗　你最喜欢的爱好是什么？

梦露　游泳、收藏唱片、阅读和跳舞，如果有时间的话。

霍弗　关于你与乔·迪马吉奥的恋情，是真的吗？

梦露　迪马吉奥先生是我的好朋友，也是一位我很钦佩的男士。

霍弗　你脾气大吗？什么事会让你发脾气？

梦露　我有一点脾气吧，当人们写些关于我的不实之事的时候，我真的会发脾气。

霍弗　男性的什么方面会首先吸引你，他的外貌还是个性？

梦露　这取决于那位男士，但我会说个性更重要。不过对我而言，有没有幽默感在帮助评估一位男士的个性上非常重要。

霍弗　谁是你最好的女性朋友？

梦露　我没有一个最好的女性朋友，但我有很多好朋友，他们的陪伴对我来说都非常重要。

霍弗　在拍摄《绅士爱美人》时，你和简·罗素之间是否有摩擦？

梦露　完全没有。我不知道为什么会出现这种谣言，除非人们只是单纯不相信两个女人可以一起和谐地工作。我认为简是我见过的最可爱的人之一，我很高兴称她为我的朋友。

霍弗　你觉得理想的约会是什么样的？

梦露　我喜欢和人共度安静的夜晚，我希望他的个性和谈吐会让我好奇。

霍弗　你如何看待人们批评你穿低胸礼服？

梦露　　无论什么时候，我都不喜欢不公平的批评。你觉得呢？有些批评是不公平的。

霍弗　　你想嫁给什么样的男人？

梦露　　我怎么会知道？我现在不考虑结婚。但有一天我肯定会想结婚生子。如果有这么一天，我会在婚姻和事业中做出选择。

霍弗　　在成为明星之前，你过着什么样的生活？

梦露　　有过一些不容易，也有很快乐的生活。我上学，做了很多工作，一直在寻找拍电影的机会，经历了很多很多失望和沮丧，最终获得了现在这一点小小的成功。

霍弗　　你是否希望在屏幕上饰演除了性感魅惑的女性形象之外的角色？

梦露　　当然。我希望能扮演很多不同的角色。我觉得演员如果只能演一种固定类型也不太好。

毕竟，作为一种象征，也是一种责任。

THE NEW
MARILYN MONROE

全新的
玛丽莲·梦露

采访者
皮特·马丁

《星期六晚邮报》(*The Saturday Evening Post*)
1956 年 5 月 5 日

我问玛丽莲·梦露："你的照片总是张着嘴、半闭着眼睛，是不是有些摄影师告诉过你，这样拍照会让你看起来更性感？"

她用一种我后来才意识到的、纯正的梦露式语言回答我："我的眼皮形状让它们看起来很重，要不就是我当时在想些什么，"她告诉我，"有时候我在想男人，有时候我想起了某个特定的人。当你在想某个特定的人时，容易看起来更性感一些。至于我的嘴总是张着，我甚至睡觉时也是这样。我知道我会这样，因为我醒来时会发现我的嘴巴还张着。我不会刻意去想着我的嘴巴，但我确实会刻意思考我在想些什么。"

就像热松饼里的蓝莓一样，这段话中藏着几句真正的梦露式语言。我研究梦露的语言风格已经非常久了，足以辨别出在她的回答中，哪些话是出自真心的。

当我问她："有人指责过你戴假发吗？"她的回答是绝对真诚的。

"是的。"她回答，眼里闪烁着气愤。"当然，"她接着说，"那是另一位女演员指责我的。我对此的回答，原话是：真正了解我的人会更了解真相是什么。"

另一个典型的梦露式语言紧随其后。我说："我听说你在韩国的时候，爬上平台对海军船员们说了几句话，然后他们就纷纷朝你吹口哨。"

"我知道你说的是哪一次，"她说，"但根本不是在韩国，而是在加州的彭德尔顿军营。他们想让我说几句话，我就说：'你们的士兵总是喜欢对穿毛衣的女孩吹口哨。好吧，如果把她们的毛衣拿走，你们还会兴奋吗？'然后他们就尖叫着欢呼起来。"

还有一个例子，是当被问及她和剧作家阿瑟·米勒是否有过恋情时。"他们怎么能说我们有过恋情呢？"她回答说，"他已经结婚了。"

另一个经典的梦露式发言，是在纽约的广场酒店举办的一次新闻发布会上。这次发布会是为了宣布她与劳伦斯·奥利维尔爵士合作拍摄、导演和制片的项目——有人形容这是"电影史上最不可能的二人组之一"。那次发布会上最大的"梦露式"回答是当有人问她："梦露小姐，您还想在百老汇演出《卡拉马佐夫兄弟》吗？"

"我不想演卡拉马佐夫兄弟，"她说，"我想演那本书里的格鲁申卡。她是个女孩。"

现在，我听着她回答我的话，我想，没有人能为她写出听起来像她自己想出来的话。

纽纳利·约翰逊是电影《愿嫁金龟婿》的制作人，玛丽莲·梦露是这部电影的主演。约翰逊告诉我："当我第一次在片场与她交谈时，我感觉就像是在跟一个在水下的女孩交谈。我无法确定我们直接的沟通是否真的有效。她好像生活在一层模糊的帷幕之后。"

约翰逊还执导了《如何变得非常非常受欢迎》，当谢瑞·诺丝代替玛丽莲出演该片时，他直言："谢瑞不会在《如何变得非常非常受欢迎》中模仿梦露的演法,因为她将全程闭着嘴巴演出。"

玛丽莲对我说的最后一句话是:"我不会刻意去想着我的嘴巴,但我确实会刻意思考我在想些什么。"听起来有点隐晦含混,但我没有时间深究,因为她接着又说:"有一位记者问过我:'你对性有什么看法?'我告诉他:'性是自然的一部分。我顺应自然。'莎莎·嘉宝曾经为杂志写了一篇题为"美国男性怎么了"的文章,我为这篇文章写了一些旁注,但编辑删掉了我写得最好的几句。我写道:'如果美国男性对性的看法有什么问题,那并不是他们的错。毕竟,他们是清教徒的后裔,这从一开始就错了——还是说他们是朝圣者的后裔?——现在仍然存在很多清教徒元素。'编辑最后没有使用这一段。"

我仔细地记录下了她对我说的每个字。她告诉我,她希望我最好不要在采访她时使用录音机。"看到那个东西不停地转圈,我觉得很紧张。"她坚持道。所以最后我用了铅笔和笔记本,虽然我没有立刻就这样做。

我坐在那里,等她从公寓的卧室走到客厅,准备开始采访。玛丽莲花了一个半小时才走完那段路程。负责梦露在纽约的宣传工作的露易丝·韦伯是一位可爱的年轻女士,3点45分,她让我走进梦露住的公寓。她按下南萨顿广场一栋公寓楼八楼门外的门铃,一个声音问:"你是谁?"

"是我。"陪同的露易丝说。

门锁咔嗒一声响了,但当我们进去时,玛丽莲却不见踪影。她回到卧室去了。隔着门我们听见她的声音:"我还有七分钟就出来。"

我曾同一位玛丽莲所在好莱坞制片公司的宣传人员交谈过，他警告过我："在你见到她之前，她会放你几次鸽子。约上了之后，她还会迟到，我说的迟到是真的迟到很久。在她出现之前，你会非常生气，你会收拾好你的录音设备，至少有三次——也许是四次——决心离开。但会有人劝你再等一等，最后玛丽莲会进来，在你反应过来之前，她会给你一个大大的拥抱。她非常热情、有趣、可爱，尽管她的迟到真的让人讨厌。在那之后，如果有人说，'玛丽莲真是太不周到了，让你等了这么久'，你会想狠狠地揍他一顿，说他太刻薄了。"

"你不知道的是，"那名制片公司的宣传人员继续说，"当你在为等她而头疼的时候，那个想让她赶紧见你的宣传人员只会比你更头疼。玛丽莲会告诉宣传人员，她的胃很不舒服，已经吐了好几个小时；她一直没能把妆化好；或者没有受到服装部门的公正对待，没什么衣服可穿。"

所以，当玛丽莲在门背后告诉我们"我还有七分钟就出来"的时候，我说了句俏皮话："我可以等你八分钟。"时间证明了这是我说过的最不好笑的话。一小时后，我问露易丝·韦伯："你觉得她在里面干什么？"

"这种事情你也能理解的，"这位宣传陪同人员安抚我说，"女孩总是想化好妆再出来。"

"她有这么多妆可以化吗，两个脑袋吗？"我礼貌地问道。半小时后，我建议露易丝·韦伯到梦露房间去看看，到底是什么事情拖到了现在。

等待露易丝·韦伯的时候，我在公寓里转来转去。桌上放着一份剧本手稿，封面上写着：《堕落天使》，诺埃尔·科沃德。这些书里，看上去玛丽莲现在在读的包括《萧伯纳给埃伦·特里的信》《萧伯纳给帕特里克·坎贝尔夫人的信》以及理查德·奥尔德里奇的《格特鲁德·劳伦斯饰演A夫人》。

玛丽莲曾被广为宣传在演员工作室学习戏剧，据说她在那里寻求艺术性表演的秘诀。桌上放着一本詹姆斯·乔伊斯的《尤利西斯》，就是那段学习的证据。书里的几句对白用铅笔写在一张纸上，显然是要给一群学戏剧的学生背诵用的。那张纸被夹进了书本中。地板上，放着一张约翰·巴里摩尔饰演哈姆雷特的录音唱片。

那段截取自《尤利西斯》的对白和巴里摩尔的录音，代表了我留在那里等待的原因之一。我从文章中了解到玛丽莲已经"一头长发"且拥有"艺术气质"。只是在报纸上看到并不能证明这是真的，我想眼见为实。

我坐在她的客厅里等待的这位金发女郎，已经有数百万字的写作是关于她的，但大多数只是得到"授权"或是"得到玛丽莲祝福"之类的。在受到20世纪福克斯公司的宣传部批准后，数百万的文字出现在粉丝杂志中。

我读了很多关于她的描写，但我仍然不觉得我了解这个女人。我确信，很多其他人对她和我有同样的感觉。他们多年来一直在问自己："她到底是个什么样的人？"

最重要的是，就像我一样，他们也会问更多其他问题。"她为什么要自毁和乔·迪马吉奥的婚姻？她为什么要放弃如此高薪的电影事业？她为什么要离开加州而选择纽约呢？她躲到了纽约,之后,为什么还要去一个为艺术而艺术的演员工作室呢?——对于一个在那之前大部分时间是用丰满臀部表演的女孩来说,这显然是一个不可能和她产生联系的地方。"

我希望当我们最终交谈的时候,她能告诉我一部分这些问题的答案。也许,我甚至能看到传闻中"全新的玛丽莲·梦露"。

露易丝·韦伯回来告诉我:"她觉得女仆一定是把她搭配小脚裤的上衣全都拿走了。她现在没穿上衣在卧室里到处乱跑。"

为了防止我继续思考这个问题,露易丝·韦伯岔开话题:"北卡罗来纳州威尔明顿的杜鹃花公司,想要她在四月的活动中亮相,但我告诉他们得等到四月再打电话给我。因为谁知道她那个时候会在哪里呢?"

时间一分一分地过去,在我来到她的萨顿广场公寓开启漫长等待之前,人们告诉过我各种各样关于玛丽莲的传闻。任何知道我在写一篇关于玛丽莲文章的男性朋友都问我:"我可以一起去,帮你拿笔记本吗?"或者:"你把这个叫作你的工作?"或者:"这篇文章会有报酬吗?"或者:"我能不能一起去,帮你拿闪光灯?"显然,他们觉得如果他们在听到玛丽莲的名字时,没有迅速展现一个男性应有的反应,他们的男子气概就会受到质疑。当玛丽莲终于出现,像一只气喘吁吁但又很友好的小狗一样,我告诉她这件事。"你会怎么解释这种行为?"我问,"你已经成了性感的象征吗?"

她认真思考了我的问题,然后回答:"有些人容易引起其他人的兴趣,有些人对其他人毫无作用,"她说,"我也会对男人有兴趣,但我这样做不是出于试图证明我是一个女人。就我个人而言,我会对马龙·白兰度有兴趣。我很喜欢他。人们一般会有两种反应。你看到一些人的时候,你会说:'哇!'你看到另一些人的时候,你会说:'呃!'如果你说我成了性感象征的那些事情是真的,我想这应该有助于票房,但我不想对此过于商业化。"她非常认真地说:"毕竟,作为一种象征,也是一种责任。"

我告诉她,我听说她被赋予的头衔包括"一出现就会引起轰动的女孩""完美画报女郎""横着走路的女孩[1]"。"我不明白他们说的'横着走路'是什么意思。"她说,"当然我知道走路是什么意思——任何人都知道,横着是指不是竖着。但这是什么意思呢?"我想过尝试为梦露解释一下这是什么意思,但最终还是放弃了。

曾经警告我她"真的会迟到很久"的好莱坞宣传人员,非常坦白地告诉了我他所知道的玛丽莲;他没有隐瞒任何事情;但对这位宣传人员指名道姓是不公平的,我在这里将称他为琼斯。加上"弗拉克"是用来代指宣传人员的好莱坞俚语,接下来我就称呼他为弗拉克·琼斯。

在玛丽莲离开20世纪福克斯公司之前,琼斯在那里工作。那之后,不管他的事业是否变得更好,他确实越做越大,开设了自己的公关工作室,还在巴黎和罗马设有分部。他的光头亮如剥了壳的鸡蛋,身材宽大,身型如同一扇小谷仓门那么宽。一个中等身高,身形宽度和高度都差不多的人。他戴着黑色的眼镜,而不是透明的玳瑁壳塑料款。

---

[1] 玛丽莲走路时臀部左右摇摆,因此被调侃为"横着走路"。

"有一件事情很有意思,"我告诉弗拉克·琼斯,"我第一次见到她的时候,和一个朋友坐在福克斯的食堂里。这个女孩没有化妆,穿着衬衫短裙,一个人坐在墙边。她与我见过的任何人都不相同,但让我惊讶的是,我的朋友说:'那是玛丽莲·梦露。'我想知道:她是不是必须穿上她的'玛丽莲·梦露'专属服装或化上妆,才会看起来像玛丽莲·梦露?"

"这对于所有的金发女郎——无论你怎么称呼电影行业这些需要高度染发的工作——"弗拉克·琼斯说,"如果她们的头发没有精心修饰,如果她们没有完美服装的加持,妆容也没有到位,那她们看起来就会很可怕。这不是特指梦露,而是适用于好莱坞电影行业中所有人工创造的金发女郎。就我自己了解的,好莱坞几乎没有天生的金发女郎,人类历史上也没有天生就一头浅色金发的人,除了白化病患者。她们纯粹是二十世纪的产物。她们是被创造而成的金发女郎,而当你创造一个金发女郎时,你必须用精美的化妆和隆重的服装来完成你的创作,否则你只是完成了简单的组装工作。"

我还与福克斯电影公司法务部的一名员工交谈过,他告诉我的关于玛丽莲的故事,也让我觉得很值得深思。"有一天,"他说,"她在这个办公室里,我告诉她,'今年签署这份合同要比明年签更好,这会省很多钱'。她看着我说,'我对钱不感兴趣。我只想变得美丽'。然后她就走了。"这位法务人员无奈地看着我,耸了耸肩。"你觉得她这话是什么意思?"他问。我说我也不知道,但我会在采访中尝试找出答案。

我还向福克斯影业高层的一位朋友咨询了一个问题,他足够高层，因而可以知道答案。"你觉得为什么你们公司在她出走并在纽约待了十五个月后，还会让她回来工作呢？"

"我们的态度是，她绝不会再出现在我们片场工作了，"他坚定地告诉我，然后笑了笑，"除非我们需要她。"

我和比利·怀尔德的交谈最为长久，他执导了玛丽莲主演的电影《七年之痒》。

"你想知道什么？"当我去他位于比弗利山庄的家里拜访时，他问道。

"对我来说，梦露最有趣的一点是，她似乎对已经逐渐获得成功的职业生涯有一种危险的破坏欲，她想逃离这一切。我不禁问自己：一个电影女演员能够多久不拍电影，而仍然保持她的明星地位？她离开这个行业带来的震惊性，让她在一段时间内得到了极大的媒体关注，全国每个人都认识了她。但是，如果离开行业太长时间，是否也会逐渐为人们所遗忘呢？这一切是否会发生在玛丽莲身上呢？"

怀尔德说："我觉得玛丽莲被人遗忘的危险是不存在的。像她这样的人，可不是每时每刻都会出现。"

我问："你说的'像她这样的'是什么意思？"

他回答道："她有一种我愿称之为纯粹的肉体冲击力。这是非常罕见的。其他三个我觉得有这种冲击力的女演员是克拉拉·鲍、珍·哈露和丽塔·海华丝。这些女孩的肉体即使在照片上都看起来是那么真实，你几乎感觉可以一伸手就能触碰到她们。"

我说："我听说，对于她是否是一位女演员有很大的争议。"

他回答:"我也听说过。在我们深入讨论之前,我必须告诉你,我喜欢这个女孩,但对于是否只能以演员的身份在电影行业取得成功也存在很大争议。我想你一定听说过这样的说法,即这个世界上存在两种明星——一种演技高超,一种个性十足。无论什么时候,我都更倾向于个性十足的那一派。当你看到他们的时候,有一种强大的力量会从银幕上传递给你,而你不会从那些冷冰冰的专业演员身上看到这种力量,即使他们在工作中也表现得非常出色。"

当我将怀尔德的想法告诉弗拉克·琼斯时,他说:"这样的说法对他们无害也无利。这是这个行业的运作方式。如果观众喜欢一个有个性的人,他们就会获得成功。拿塔布·洛克来举例,"他说(我虚构了塔布·洛克这个名字),"老塔布个性突出。我怀疑他是否拍过什么失败的电影,但他从未拍过一部真正的好电影。这个家伙在日常生活中甚至需要别人提醒才能捡起自己的帽子,但在电影中,他总是单枪匹马地把坏蛋摔倒在吧台上。他可以在边境地带清理掉任何酒吧里的混乱,但在生活中他甚至不能清理好自己的厨房。他是个好人,但从来没有人称他是一名演员。再看看劳埃德·诺兰或凡·赫夫林。那才是真正的演技。你会很信任他们。他们的表演有明有暗、层次丰富,能从中窥视到他们内心的意义。但是当老塔布·洛克出现在银幕上的时候,他必须通过把别人摔倒来证明自己的演技。他可以比好莱坞的任何人都快速地完成这项工作,这就是他的巨大价值。"

我说:"他听起来很勇敢。"

弗拉克·琼斯说:"没有人比他更勇敢,也没有人对此更蔑视。他的勇气在整个行业中是无与伦比的。他是我见过的唯一一个能拿起一把四十五口径手枪去中东地区，在一两天内就能解决所有问题的人。他从不失败。这就是个性和演员之间的区别。"

与怀尔德的交谈中，我还提到，当玛丽莲宣布她想出演电影版的《卡拉马佐夫兄弟》时，有人嘲笑过她。

怀尔德告诉我："嘲笑她的人搞错了。她的意思是她想出演书中的格鲁申卡，而那些没有读过这本书的人并不知道，格鲁申卡是一个性感的女性形象。人们认为，这是一本非常深刻复杂、有着晦涩文学性的长篇巨著，但是陀思妥耶夫斯基知道，格鲁申卡并不是一个像这本书整体气质一样复杂又晦涩的角色。玛丽莲也知道这一点，她会是一位非常出色的格鲁申卡。"

"是在她说她想出演《卡拉马佐夫兄弟》之后，"怀尔德继续说，"她开始去纽约戏剧艺术演员工作室。她这么做并不是为了营销，她真诚地想要努力提升自己的演技。我觉得这种行为应该受到赞赏。她本可以在好莱坞坐享丰厚的报酬，拥有任何普通女演员都梦寐以求的财富。但她仍然在不断尝试新事物。"

"就目前而言，无论她自己怎么想，玛丽莲是作为一个有个性有魅力的人，而不是作为一名女演员，拥有巨大的价值。（怀尔德告诉我这些话的时候，玛丽莲仍然在纽约接受演员工作室的培训。也许她在东部学习新的戏剧方式期间发生的事，可能会改变他原本的看法，但自她回到好莱坞以来，我还没有与他交谈过。）如果她一心想要变得有艺术性和敬业精神，以至于愿意为此穿宽松的毛衣、不化妆、让一头金发像绳子一样直直挂下来，她需要明白这并不是如今让她如此出色的原因。我并不是说，她不可将自己打造成一名纯粹的女演员——这是有可能的——但这将是她另一项全新的职业，需要从头开始。"

说回在纽约的时候，当玛丽莲从公寓的卧室走到客厅时，我对她说："我听说你的童年被称为'典型的灰姑娘的故事'。"

"我不知道人们是从哪里听说的，"她告诉我，"我并没有遇到王子，从来没有哪怕一个仙女教母出现在我的生命中。我的出生证明上写着我的名字是诺玛·简·莫特森。从小我就被告知，我的父亲在我出生之前的一次交通事故中丧生，所以我也一直那样告诉别人。我没有办法核实这件事的真假，因为我很小的时候，母亲就被送进了精神病院，我是作为孤儿被抚养长大的。"

我曾在其他地方读到，她童年时被送到多个寄养家庭和孤儿院。但和她聊天之后，我弄清楚了，她只待过一个孤儿院，但很多个寄养家庭是真的。"我住过十一个还是十二个寄养家庭，"她告诉我，"但我不想再仔细数一遍，看到底是十一个还是十二个，因为这会让我非常沮丧。有些家庭会让我住得久一点，而其他家庭在很短的时间内就会对我厌烦。我想一定是我让他们感到紧张，或者其他什么原因。"

她又想到了别的事情，说道："有一对寄养父母，他们在我大约十岁的时候，让我发誓长大后永远不会喝酒，我发誓以后绝不吸烟或骂脏话。接下来，有个寄养家庭把空的威士忌酒瓶给我当玩具，我用它们来玩商店游戏。我猜，我可能拥有比任何女孩拥有的都要精美的空威士忌酒瓶收藏。我会把它们排成一排，放在路边的一块木板上，当人们开车经过时，我会说：'你想喝点威士忌吗？'我记得一些开车经过我'威士忌店'的人说：'想象一下！怎么会这样，太可怕了！'回想起来，我当时其实一直在玩角色扮演。对我来说最重要的是，这意味着我可以活在一个比我周围的真实世界更有趣的幻想世界里。

"我住的第一个寄养家庭告诉我不能看电影，因为这是充满罪恶的。他们告诉我世界末日就要来了，如果我曾经做过什么罪恶的事情，我就会下地狱。所以，在我曾偷偷溜进电影院的几次时间里，我大部分时间都在那里祈祷世界末日不会到来。"

关于她的第一次婚姻，与一位叫吉姆·多尔蒂的年轻男子的婚姻，我曾经得到的也是错误信息。我曾经以为，他们两人是在范努伊斯高中时结婚的；玛丽莲因为吉姆是学校的学生会主席，是个颇有影响力的大人物而短暂迷恋过他。

"那不是真的，"她告诉我，"首先，他当时已经21或22岁了，至少21岁，并且已经高中毕业了。我只能说，如果他在我嫁给他时还在上高中，那他一定相当愚蠢。而且，尽管有一篇文章声称我喜欢他，我并没有迷恋他或者什么的。真实的情况是，我当时住的那个寄养家庭搬到了东部，他们没有办法带我一起走，因为离开加利福尼亚后，他们将不再获得每月二十美元的津贴，这个津贴是州政府支付给他们帮助给我提供日常衣食的。所以，与其说再回到这个寄养家庭，或者找一个新的家庭寄养，我索性选择了结婚。

"那次婚姻最终以离婚结束，在差不多第二次世界大战结束之后。吉姆现在是一名警察。他住在圣费尔南多谷的雷塞达，婚姻幸福，有三个女儿。他在商业船队工作的时候，我在一家飞机工厂的涂胶房工作。那家公司不仅制造飞机，还制造降落伞。

"有一段时间,我一直在检查降落伞。然后有一天,工厂不再让我们女孩做这件事了,他们把降落伞送到外面去检查,但我不认为是因为我的检查而停止的。然后,我在涂胶房里给机身喷涂一种胶。这种胶是液体的,像香蕉油和胶水混合在一起。

"我请了几天病假,当我回来的时候,哈尔·罗奇制片公司的军方摄影师们在那里拍照,四处抓拍,军方摄影总部就在哈尔·罗奇制片公司。而那时,我正在给那些飞机涂胶。军方的人看到我就问:'前几天你去哪儿了?'

"'我请病假了。'我说。'请出来一下,'他们告诉我,'我们要给你拍张照片。'

"'不行。'我说,'如果我停下手头的工作跟你们出去,这里的其他女士会找我麻烦的。'这并没有让那些军方摄影师气馁。为了我,他们特地从工厂主管先生那里为我申请了许可证,允许我出去一下。然后,他们让我摆出推动飞机的姿势,又突然问我,'你有毛衣吗?'

"'有的,'我告诉他们,'碰巧我带了一件,在我的储物柜里。'然后,我就穿着毛衣摆出了推飞机的姿势。其中一位军方摄影师叫大卫·康诺弗。他住在加拿大边境附近。他一直告诉我:'你应该成为一名模特。'但我只是以为他在调情。几周之后,他给我带来了当时拍摄的彩色照片,他说伊士曼柯达公司看到照片就问他:'天哪,你的模特是谁?'

"所以我开始思考,也许他说我应该成为模特,或许并不是在开玩笑。然后我发现,一名女模特每小时的工作可以赚五美元,这是我在飞机工厂一天工作十小时赚到的钱完全不能比的。

比起我在孤儿院赚得就更多了。我为孤儿院餐厅工作，每周可以赚五分钱，或者在茶水间工作，每个月赚十美分。而且每个星期天还得从这些款项中拿出一分钱，捐给教堂。我一直都不明白，为什么他们要从一个孤儿那里拿走一分钱。"

"你是怎么签下你的第一份电影合同的？"我问道。

她轻轻地将一簇浅金色的头发从右眼上拂开，然后说道："我曾出现在五本杂志封面上。主要是男性杂志。"

我问，她所谓的男性杂志是指什么？她回答说："就是那些封面女郎不是平胸的杂志。我曾连续四五个月出现在 See 杂志的封面上，每次他们都会更改我的名字。第一个月我叫诺玛·简·多尔蒂（那是我的第一个丈夫的姓氏）。第二个月我叫简·诺曼。我不知道他们总共都用了些什么名字，但是每次我都必须看起来很不一样。摆出不同姿势，室内外的，但大多数时候都是坐在太平洋海边，看着远方。你看那些照片，你甚至看不见多少大海，因为你看到的都是我。

"我也曾经出现在一本根本不是男性杂志的杂志上，叫《家庭天地》，你可以在超市里买到它。照片上我抱着一只小羊羔，穿着围裙。这是为数不多我穿着围裙的封面，但大多数其他封面上，我穿的都是条纹图案的浴巾之类的。浴巾上要有条纹图案，因为封面得是彩色的，条纹图案颜色很鲜艳。有一个大风扇对着浴巾和我的头发吹。那是在我第一次离婚后不久，我急需自己谋生。但我不会打字，也不会做其他任何事情。然后霍华德·休斯就发生了一次事故。"

我刚想我是不是前面漏掉了什么重要的信息，但显然没有。

她继续说道:"他那时候在住院,赫达·霍珀在她的专栏中写:'霍华德·休斯现在一定在康复了,因为他想要一位在五本不同杂志封面上都出现过的新面孔女孩的照片。'就在那之后,霍华德·休斯的选角导演找到了我的电话号码,他联系我说,霍华德·休斯想见我。"

"但他可能忘了,或者改变了主意还是发生了其他什么事情,"她说,"我并没有去见他,而是和一个叫哈里·利普顿的家伙一起去了福克斯电影公司,他负责我的模特摄影工作。我站在街角或人行道上的时候,经常有豪车停在我旁边,司机说:'我可以帮你找到拍电影的机会,你想当演员吗?'我想那些家伙是在试图搭讪,于是我找了一位经纪人,这样我可以对那些人说:'找我的经纪人吧。'就这样,哈里·利普顿成了我的经纪人。"

哈里带她见了福克斯公司的艺人部主管伊凡·卡恩,还见了负责选角工作的本·莱昂。

我问她,是什么原因让她将名字从诺玛·简·多尔蒂改为玛丽莲·梦露。

她说:"是本·莱昂给我改的名字。他说我让他想起了两个女孩,一个是珍·哈露,另一个他记得很清楚,叫玛丽莲·米勒。当他们讨论给我改什么名字的时候,我请求他们,能否让我保留我母亲的娘家姓,梦露。那么就是在简·梦露和玛丽莲·梦露之间选择,最后玛丽莲这个名字赢了。"

我问弗拉克·琼斯:"她到福克斯公司的时候发生了什么?"

琼斯说:"她一共来了两次,第一次是在1946年。我们想尽力挖掘她,但那个时候她还没有足够成熟。就外表而言,她非常出色，但她不知道如何充分利用她的外表，如何对待自己的外表，这是需要练习的。并不是说你必须在心智上足够成熟才能成为明星。事实上，这可能会成为制约，它甚至可能会阻碍你成功。真正在心智上成熟的明星是少数。事实上，那个时候我们也没有适合她出演的故事。所以我们在一两部影片中试用她出演了一些小角色，比如秘书、背景中的漂亮女孩。然后我们让她离开了，她去了RKO公司，和格劳奇奥·马克斯一起拍了一部影片。"

我说："我没有看过那部电影，但可以想象马克斯兄弟在电影里对她穷追不舍，就像一群灵活迅猛的灰狗疯狂追逐一只胸部丰满的机械兔子一样，电影场面会非常滑稽、热烈而疯狂。"

弗拉克·琼斯告诉我："问题是，虽然马克斯兄弟总是在他们的电影中追逐一名女性，但他们从来没有真正追到过。这个被追逐的女演员也从未成为明星，所以整个过程是在浪费时间。你看的时候觉得很好玩，但通常女孩们在电影里总是跑得比马克斯兄弟们快，现实的职业发展上也是。"

玛丽莲告诉我，她对弗拉克·琼斯版本的讲述有不同的看法："我在福克斯的时候，大部分时间都是在拍摄静态的照片。宣传部编了一个故事，说我是个保姆，在为选角导演照看孩子的时候被发掘的。这并不是真的，虽然他们让我这样说。你会期待他们想象力更丰富一些，至少说我是在照看男人的时候被发现的。"

弗拉克·琼斯还补充了一些梦露的其他经历："她离开我们之后，去了米高梅公司，出演了由约翰·休斯顿执导的《夜阑人未静》。"他说,"玛丽莲在电影里的角色很小,只是个临时演员,但达里尔·扎纳克看中了他,很喜欢她的表现,于是重新签下了她。《夜阑人未静》是一部黑帮片,片子里有一个狡猾的反派,是个文质彬彬的法律代表,由路易斯·卡尔赫恩扮演。玛丽莲饰演他的'侄女',实际上更相当于他的'小情人'。她会说上几句台词,然后抬头看着路易斯,眨着扑闪的大眼睛叫他'叔叔'。"

我继续问:"从什么时候开始,你注意到她在大众之中已经很有影响了呢?"

"一旦我们逐渐让她崭露头角,一切就像潮水般涌来,"琼斯说,"我们开始发布她的照片,<u>一旦这些照片出现在印刷品中</u>,我们就会收到来自世界各地的关于更多照片的请求。各种报社纷纷向我们索要她的艺术照;照片供应商也想要更多;然后各类杂志也发来请求。有一段时间,我们每周都会向世界各地的主要报社提供三四张她的照片,而这仅仅还是在她出演电影之前。"

"一旦这个造星的过程开始了,"弗拉克·琼斯解释道,"其他人也会对她产生兴趣。我们给本地的顶级摄影师打电话,他们都有自己的出版渠道。我们告诉他们我们能提供什么,然后问他们是否愿意为梦露拍照。他们都回答:'嚯,当然愿意。'"

"我们告诉他们,这笔生意是怎样的,"弗拉克·琼斯继续说,"我们说:'这个女孩儿未来无限;她脸蛋漂亮,身材性感,你对她感兴趣吗?'摄影师们对模特的想象各有不同,但梦露能满足所有人的想象。生意就这样一桩桩谈成了。这一切不是由一个人单独创造的,这是由世界各地所有报道好莱坞的新闻代理商共同创造的,也就是说,这是大概 350 个人的共同作品。"

"电影公司宣传部门的每个人都在为她工作。"琼斯一一列出,"制片组、杂志组、粉丝杂志组、给专栏作家提供素材的人、广播播音员等。制作一部电影的时候,会有一个专人负责报道电影的拍摄,这个专人是这部电影的宣传负责人。此外,一部电影需要整个部门的全力协作。整个宣传部门都高度专业化,每个人都用自己的专业能力为这部电影在公众心中的形象做出贡献。"

"我曾经见过玛丽莲电影的宣传负责人。"我说。

"但是宣传负责人并不是只服务于一位明星的电影宣传,"琼斯说,"索尼娅·威尔逊、弗兰基·尼尔都曾经是玛丽莲电影的宣传负责人,负责过最多她的电影的是罗伊·克拉夫特。罗伊很喜欢她,他们相处得很好。"

"我还想知道另一件事,"我问,"除了分发她的照片,你们是否还会带她出席你们认为必要的场合?"

"我们带她去了所有我们认为重要的鸡尾酒会,"弗拉克·琼斯说,"比如,一家图片杂志每年都有一次鸡尾酒会,我们告诉玛丽莲她应该出席,这样我们就可以向各位编辑、专栏作家、广播和电视人员介绍她。等所有人都到齐之后,她穿着一件红色的礼服走进来。那件礼服后来变得非常有名。她非常聪明地买了一件小了一两号的尺码,还有乔·海姆斯称之为'可拆卸肩带'的精妙设计。"

"当她走进来的时候,每个人都停下了手头的事,所有人的眼睛都'唰唰'亮了起来,"弗拉克·琼斯继续说,"主办派对的杂志出版商和她握了很长时间的手。过了一会儿,他转向他的一位助理编辑说:'我们应该在杂志上刊登这个女孩的照片。'他又看了一眼玛丽莲，说：'可能的话，我们应该让她上封面。'"

弗拉克·琼斯咧开嘴笑了笑。"所以事情就是这样发生和进展的，"他说，"有些月份，有多达十五六本她作封面的杂志同时出现在报刊亭。她1950年回到福克斯片场，出演了《彗星美人》，但直到我们的照相机对准了她，开始在全宇宙到处传播她的照片之前，她都不是任何一个人单独发掘的伟大而杰出的作品。"

"在《彗星美人》中，玛丽莲的角色是怎样的？"我问，"我不太记得了。"

"她演的是一个愚蠢的女人，扶着乔治·桑德斯的胳膊走进了贝蒂·戴维斯的派对，"他说，"然后发生了一段对话，表现桑德斯是一位像乔治·让·内森一样的评论家；他带着玛丽莲扮演的这个美丽女人走进来，然后看见了格雷戈里·拉托夫扮演的制片人。桑德斯指着拉托夫对玛丽莲说：'亲爱的，那是一位真正的制片人。过去和他聊聊吧。'玛丽莲就走上前攀谈，而桑德斯则留下来和贝蒂这样的大咖相伴。"

"你还记得她第一天来工作的情形吗？"我问。

"你问我记得吗？"他说，"她那天穿了一件安哥拉毛衣。我们还在为她拍摄的时候，她来这里的消息就传开了，所有人都冲到走廊对面好去看个够。我们又让她穿了一件睡袍，为她拍了一些杂志配图用的照片。她非常喜欢这件睡袍，甚至不肯脱下来，就穿着在片场走来走去，对陌生人也大声打招呼，甚至远在行政楼三楼的人也能听到。很快，整个三楼的人都在看她，一楼和二楼的人也都加入了。"

弗拉克·琼斯突然将用词切换成了现在时，描述起来："那是一个阳光明媚的晴天；清风吹拂着她，大自然与她相得益彰。为了将她打磨到那一天所达到的、一只成熟芳香的水蜜桃般的完美状态，大自然花了很长时间，但最终做到了。那阵清风帮了她不少，她在片场四处走动，开心极了，其他所有人也都开心极了。"

然后他又切换到了过去的回忆，继续描述起来："之后，我们带她去了海滩拍摄，给她换了很多次着装，但核心点一直都是：这是一个身材火辣的美丽女孩。虽然我们拍摄的手段不尽相同，但这一点一直没有变。我们给她拍了彩色照、黑白照、山景照、田野照，还有摆拍的滑水照——各种各样的手段。野餐、散步——普通人会做的任何事情，我们都让她去做。而当我们开始发现她最擅长的方向时，我们就专注于那个方向。"

弗拉克·琼斯说："女人总是讨厌在性的方面太过直白，但男人则喜欢直白。"很明显，琼斯对此有过一番思考。他甚至有一套哲学："男性的本能就是笨拙、粗鲁而天真的——甚至全世界最聪明的男人也一样——性方面的含蓄之处会让他们困惑不已。除此之外，男人也没有时间慢慢思考这些，而女人们不需要养活丈夫，则有整天的时间思考性的话题。但男人有其他事情要做，比如赚钱；他们通常希望，性爱不需要长达四五个小时的前戏。玛丽莲本能地知道这一点。她非常脚踏实地，非常坦率。"

我在公寓里采访玛丽莲时问她："你认为，男人在性方面喜欢含蓄还是直白呢？"这个问题显然已经有了答案，我只是想再确认一下。但问出来的时候，我就有了属于男性的回答。

她似乎犹豫了。"有些男人更喜欢含蓄，而有些男人不喜欢太含蓄，"她说，"我不相信虚伪的谦虚，一个女人如果这样做，只会伤害自己。如果她总是假装很害羞，那她就是在否认生活中的一个重要部分。男人们时常会觉得你在一段关系进展中太过冷淡或冷漠，但如果他们这么认为，这也并不总是你的错。这和宗教，还有从小到大接受的教育都有关系。女人在这些方面是被束缚的。"

我还记得怀尔德告诉我的一些事，那是在玛丽莲最近回到好莱坞拍摄纽约舞台剧《巴士站》的电影版之前。"你拿玛丽莲来说，"他说，"且不说她是不是一名演员，她的身材确实让人喜欢也令人激动。公众喜欢看到她，不管是夸赞她还是贬低她。关于玛丽莲，不外乎有两种人——喜欢她的人和攻击她的人——但他们都愿意花钱来看她。他们的好奇心能值上八十美分，或者一美元二十五美分，总之他们愿意付这个票价。"

他沉思地摇了摇头："接着，她就到东部去上一所慢节奏的、提倡含蓄表演的艺术学校。这是一个以夸张为生的女孩，而她现在决定要含蓄和低调。我们很快就会知道她的决定是否正确，以及她到底是更需要学习那些艺术台词，还是更需要服装部门和发型部门。这一切的发生都会变得非常有趣，我希望一切都能按照她的愿望发展，但迄今为止，公众在她身上期待的并不是什么艺术性的台词，而是她的身材本身。"

弗拉克·琼斯的声音在我脑海中回响。"我忘了告诉你。在结束那部马克斯兄弟的电影后，玛丽莲去了哥伦比亚公司，又拍了几部电影，但没有成功，然后哥伦比亚也和她解约了。之后，她在城里待了一段时间，陷入财务困境。就在那个时候，她为那张著名的裸体月历拍的写真问世了——红色天鹅绒背景下，她的肌肤光彩照人。公众们看到这张照片之后，立刻陷入了狂热。"

我请玛丽莲亲自讲述一遍关于那张裸体月历的故事，她说："当制片公司第一次听说这件事的时候，每个人都陷入了狂热。我在拍摄《无需敲门》的片场接到了他们的电话。电话那头的人问我：'关于你的裸体月历是怎么回事？你真的拍了吗？'

"'是的，'我说，'有什么问题吗？所以人们发现了月历上的人是我，是吧？好吧，你都知道了！'

"'发现了！'他几乎尖叫了，'月历上都是你！全都是彩色的！'然后他肯定是思维混乱了，因为他先是说'你要否认一切'；然后他紧接着又说：'不对，你什么都不要说。我马上就到。'"

我常常在采访中发现,我收到的提问总是在期待一种特定的答案,让我看起来是某种特定类型的人。比起我的回答展现我是什么样的人,这些问题更能揭露提问者本人是什么样的人。

CONVERSATIONS WITH MARILYN

对话玛丽莲

采访者
威廉·J. 韦瑟比

《对话玛丽莲》(*Conversations with Marilyn*)
1961 年(1976 年首次出版)

当玛丽莲迟到了半个小时的时候,我想她是不会来了。但既然这样,为什么她还要答应这次见面呢?不过我很快提醒自己,她拍《乱点鸳鸯谱》的时候迟到过好几个小时,那可是比现在重要得多的场合。那我应该等她多久呢?通常我最多等人半个小时,但这一次,我却不愿意半小时就离开,我决定再多等她半个小时。

我选了一个靠里的光线昏暗的包厢,这样没有人会认出玛丽莲,我们可以自由地聊聊天。这是一个样式简单的酒吧,没有餐桌服务,所以我又到吧台再点了一杯酒。如果玛丽莲迟到很久,我可能会在她到达之前就先喝醉。我几乎确信,她要么忘了这场见面——传闻中她就是那种典型的粗心大意的愚蠢金发女郎(失望让我刻薄),要么其实已经决定,既然肯定赶不上,不如索性直接不来了,下次我们在演员工作室见面的时候再向我道歉。

在前半个小时的时间里,我一直盯着远处的旋转门打发时间,但后来酒吧变得拥挤,我放弃了,将所有注意力都放在了眼前的这杯酒以及我正在写的关于克里斯托弗·伊舍伍德的文章上。我在好莱坞的时候采访过他。

"出个价,买下你在想什么。"有个声音突然说。一个女声。一个熟悉的声音。

"不值得买。"我抬头看着她说。

玛丽莲站在那里,穿着和她在演员工作室时一样的衣服,只是系的头巾不同,也挽得更松,露出了一点头发。她笑得很开心,仿佛期待接下来度过一段愉快的时光。光是看到她出现在那里,我心情就瞬间变好了。

我四处看了看,有点尴尬。也许一家高档酒店里的酒吧才更适合她,就像我们在雷诺的时候去的那家。"我们可以去另一家酒吧——"

"不不,我喜欢这里。"她坐在我对面,咧嘴笑着,"我很少被带到这样真正的酒吧。"

"你想喝什么?"

"你在喝什么?"

"金汤力。"

"好的,那我也试试这个。"

我不知道她这句话的意思是,她以前从来没喝过金汤力,还是她想看看这家酒吧的金汤力做得如何,又或者她点了和我一样的酒水以示友好。我用最快的速度从吧台点好并拿来酒水,我觉得在这里我对她有一种奇怪的责任,不希望有人打扰到她。

"你在想什么?"她问,"你刚才看起来很抽离。"

我解释说,我刚刚在想着克里斯托弗·伊舍伍德的那篇稿子。她知道伊舍伍德住在圣莫尼卡的那块地方,也对伊舍伍德告诉我的一些事情很感兴趣。说实话,那些话有一些神神道道甚至难以理解,但是玛丽莲似乎立刻就明白了,好像和她自己的一些想法非常接近。我拿出笔记本,读给她听伊舍伍德的原话:"我并没有决定在这里生活。这只是自然发生了,就像我住过的所有地方一样。一个人随着年龄的增长而发生变化,但也会随着他居住过的地方而发生变化。如果一个人不会变老和死去,如果他一直保持在大约 35 或 40 岁的生理年龄状态,我认为他可能会在不同的自我模式之间来回变换。但因为我们没有这种经历,所以也就无法想象。"

她喜欢"自我模式"这个概念。她觉得,很多人都认为自己一生中都只有一个始终如一的自我,但这是一个很大的错误。如果他们能理解自己是碎片化且不断变化的,他们将更宽容地对待他人!"我肯定会随着地点和人的变化而改变。在纽约的我和好莱坞的我不同。在这家酒吧和在演员工作室的我也不同。但同样的情况也发生在人与人之间。我和李[1]不同,和我的秘书不同,和你又不同。我常常在采访中发现,我收到的提问总是在期待一种特定的答案,让我看起来是某种特定类型的人。比起我的回答展现我是什么样的人,这些问题更能揭露提问者本人是什么样的人。"

"你总是能迷住采访者,"我向她微笑,以示我并没有攻击她,"你并不希望他们了解真正的你,而是希望他们爱上你,你希望他们写的不是采访报道而是情书。"

"你这么想的吗?"

"嗯,是的。"我继续微笑,她让我感到很不确定。

"好吧,看来这对你没用。所以有必要亲自来和你聊聊天。"

"这是出于职业自尊心。"

---

[1] 演员李·斯特拉斯伯格(Lee Strasberg,1901—1982),玛丽莲在演员工作室的老师。

"好吧，我更喜欢这个解释。我不尊重那些因为你有名而喜欢你的人。如果我没名气，他们就不会对我感兴趣。"

"不过也许有其他方式。伊舍伍德还说：'不要拒绝你曾经是什么，而是要意识到你可以改变，并且接受曾经的自己。'"

"但是可以离开别人然后重新开始。"

"那些不喜欢你的人，说你总是轻易抛弃别人。"

对于刚认识不久的人来说，这无疑是一句尖锐的评论，当听到有人不喜欢她的时候，梦露皱起了眉："我从来没有离开过我相信的人。但我的问题恰恰是，我太容易相信人了。我对他们怀抱了太多信任，当已经有种种不好的迹象存在的时候，我仍然相信他们。这样会失望很多次。"她坐回去，沉浸在回忆中。我立刻转移话题，提到查尔斯·劳顿有一处房子，就在伊舍伍德的住所旁边，我知道她和劳顿曾一起出演过电影集《锦绣人生》。听到这个，她的情绪立刻发生了变化，整张脸瞬间明亮了起来。

她倾身向前，满脸调皮的模样。"他演一位游手好闲的绅士，而我演一位街头女郎。"她咯咯笑了，"一开始我有点拘束，但他对我很友好，把我当成平等的伙伴对待。我很喜欢和他一起工作，他就像查尔斯·狄更斯书里的角色。"她以一种奇怪的表情看着我，几乎像是一名在寻求认可的学生，声音也变得更像她在一些电影中使用的小女孩音调——无助的金发女郎，畏缩的年轻女演员。她演了一段戏来逗我开心。"刚开始的时候，我感觉就像是在和一个国王或者伟人一起演戏——像是和上帝一起演戏！"

"这也是我对李·斯特拉斯伯格的印象。"我试探性地说。

"哦，李不是那样的——至少当你了解他并且他对你的工作感兴趣的时候不会那样。但我想刚开始的时候他也让我有点畏惧。"

"他不像狄更斯笔下的角色吗？"

"不，李是完全自己创造的。他不像任何人。"

我记得几年前采访劳顿的时候，他告诉我："人们现在已经见识过我的各个方面，知道可以从我身上期待些什么——劳顿已经被看透了。"

她微笑着，露出了并不如我预期的电影明星那样洁白的牙齿。"他并不是真的那样相信，但我能理解他会有这种感觉。有时候我也有同样的感觉，而我比他年轻得多。我常常感觉我在观众面前非常裸露，完完全全把自己给了观众，全身上下，每个部位，没有留下任何私人的东西，只剩下我自己。如果你情绪低落，你可能会担心自己已经没有新的东西能给观众。但要知道这不是真的，永远不会是真的。你逐渐发现自己内心的东西，即使你从未意识到它们的存在。你是会不断进步的。像李这样的老师，会帮助一个人逐渐发现自己隐藏的面向。"她说了长长一段之后略微喘气，急切地看着我，好像我的回应真的对她很重要。

"思考这些不会让你的自我意识过于强烈吗？你记得蜈蚣的故事吗——蜈蚣想弄清楚怎么走路，结果自己绊倒了自己。"

她愉快地笑了。"李会讨厌这个故事。你必须清楚自己在做什么，你必须了解自己。"

她非常维护斯特拉斯伯格，我想至少暂时最好不讨论这个话题。于是我又谈起了劳顿，因为这个话题似乎可以引起她的兴趣。我说起他的妻子埃尔莎·兰彻斯特，一个相貌平平但是很出色的演员，有一次在我们谈话的时候，她走进来。劳顿像一座冒烟的火山，用一种粗声粗气的挑衅的声音对我说："你不觉得我妻子漂亮吗？"

玛丽莲显然喜欢这个故事。她笑得很大声，一些酒吧里的顾客甚至都朝我们看了过来。"他是一个忠实的丈夫。他们结婚很久了，对吧？"

"大概有二三十年吧。"

"我也希望能有一段稳定的关系，"她面露渴望，"总有人等着你回家，总有人对你的所作所为感兴趣，帮助你渡过难关，你们也相互帮助。我逐渐开始喜欢'直到死亡将我们分开'这句话。我自己的感情似乎一直只能顺利维持一小段时间，然后总会发生点其他事情。也许这是我的错。"

她说这番话的语气听起来像是开玩笑，但她看起来很伤感，仿佛这触碰了她的伤心之处，所以我立刻又提了一些关于劳顿的事情。那次我们见面的时候是下午四点，但他还穿着浴袍，头发凌乱，眼睛里残留着睡意。在关于他的采访中，我这样如实描述了他，他看到之后给我打了个电话，听起来非常生气。他说，这样写读者会认为演员们都很懒惰，事实是他已经起床"好几个小时了"。

玛丽莲顿时笑了，不再伤感："他只是在维护自己，我理解他的。人们对演员总是有很奇怪的看法，他们很少尊重演员。最近我遇到一对郊区的夫妇，那位女士好像认为我是来勾引她丈夫的，坚持要坐在我们中间。在她眼中，我就是一个不堪入目的人。"

"但是,你会试图勾引你遇到的每个男人吗?"我试图让她一直在开玩笑的心情里。"你不喜欢感觉到自己能影响他们吗?"我语气幽默,但问题是认真的。"有时候,我讨厌我对人们产生的影响。我厌倦了那些愚蠢的关注,也厌倦了自己会激发关注。这是不人道的。"似乎是害怕自己听起来太自怨自艾了,她碰了碰我的笔记本,本子一直打开着,记录着和伊舍伍德的采访。"我希望我们喝酒聊天的话不会被记在这本笔记本里。"

"噢,不会的。"我稍微生气地后仰了一点。她应该多信任我一些。

她想也没想地摸了摸我的手。"我开玩笑的。如果我不信任你,我就不会来这里了。别那么容易受伤,我以为记者都像我们好莱坞女演员一样坚强呢。你是我见过的第一个害羞的记者。我们很像——都心肠很软。我喜欢你去拜访契诃夫夫人[1]的方式,但你没有立刻把这写出来。如果你愿意的话,可以把我记在笔记本里,但请不要现在写出来。也许等我退休的时候再写吧!"她带着嘲笑的微笑说——是在自嘲吗?

"我会在你之前退休,或许在你之前去世。"

"哦,不,你看起来太健康了。"她开心地笑了。她此刻心情愉快,似乎在试图振奋自己的情绪,或许也是在振奋我的情绪。但她说的一切似乎都变得怪异地严肃起来。她让我觉得,像是一个在黑暗中吹口哨(或大笑)的孩子。她越是试图让自己振奋,

---

[1] Mrs. Chekhov,梦露的老师 Michael Chekhov 的遗孀 Xenia Karlovna Ziller Chekhov。Michael Chekhov 是俄国小说家安东·契诃夫的侄子。

就越是意识到周围的黑暗在威胁她。"上次我们在好莱坞见过之后，你这段时间都在做些什么？"

我本可以用一些俏皮的话来回答这个问题，但面对她，我唯一真正的赞许就是对她提到的任何事情都认真回应。我感受到，她觉得很多人都不曾认真对待她。她似乎也向我（以及其他每个人）表达了相同的尊敬。当她和你相处时，她会全身心关注着你。

我试图向她解释新奥尔良发生的事情。

"钱，"她说，"钱就是一切的原因。经历过明星制度之后，奴隶制变得很容易理解。"她问了我关于我妻子克里斯汀的事情。"我曾经和一个年轻的黑人男性约会。"她认真地说，"他永远不会在公共场合见我——而且我也不想见他。我觉得我们都在害怕，我总是会在确定没人看见的时候悄悄溜进他的房间。我们是喜欢对方的，他也非常了解我。但在当时的条件下，这段关系是不能继续维持下去的。这就有点像监狱里的爱情，只有你在监狱里面的时候，这段感情才会持续。但最终你会想逃脱这一切。你会想离开的。因为你渴望自由。我甚至不知道他后来发生了什么。我希望他能看到我的电影并给我写信，但也许，他只是想要忘记这一切。"

我告诉她克里斯汀和詹姆斯·鲍德温对她赞许有加。"黑人似乎能和你产生共鸣；这很有趣，因为你是一个金发女郎，白人美女的象征。"

她对此有些不耐烦。"我不想成为任何东西的象征。有些黑人在看穿事物本质这一点上比白人强上许多。金发女郎这个形象甚至不能吸引他们。我不是性感的象征，只是丰满版安妮小姐。"她愉快地笑了笑，丰满的胸部在她的衬衣下起伏。"天哪，"她说，"我们竟然在认真地讨论这些。我以为这会是个喝到醉的派对。"

"那我们就喝醉吧。"我又从吧台拿来几杯酒。

"我读了你写的关于我的文章，"她说，"谁是帕特里克·坎贝尔夫人？"

在文章中，我把她描述成一个像介于戏剧前辈坎贝尔夫人和童星秀兰·邓波儿之间的人。

我告诉她谁是坎贝尔之后，她笑了。但她补充说，即使是把她比作"洛丽塔·邓波儿"，她也不会觉得这是一种夸赞。

"我道歉。现在我更了解你了，我不会再把你和任何人相提并论了。"

"没事了。你喜欢采访吗？"

"当我真正了解一个人的时候，我才喜欢采访。"

"你能做到吗？我的意思是，大多数采访时间都太短了吧？人们都不过是在扮演他们的角色吧？"

"有些时候，你还是可以窥探到真相的一角。"

"那我得小心了。"她说。

"放心，你很安全。我们已经说好了我什么都不会写的。"

"你会遵守承诺吗？"

"这是记者必须做到的。"

"好吧，"她说，似乎对这个回答感到很满意，"你最近在读什么书？"

这回轮到我笑了。因为这让我想起了一个英国笑话。当陌生人之间出现尴尬的沉默时,总会问:"你最近读过什么书吗?"我向她解释了这个笑话。

"但我是认真的。"

"最近我读了诺曼·梅勒的《鹿苑》。也许你会感兴趣,是关于好莱坞的。我有机会给你找一本。"

"你会不会觉得有些书超出了你的能力?我的意思是,自己的思维无法理解它们?"

"是的,有些翻译过来的哲学著作。尽管文字是英语,但它几乎就像外语一样。"

"有时候,我觉得自己很愚蠢。"

"如果我是你,我不会担心这点。你的直觉比很多知识分子更敏锐。你不会想为了二手的知识而让自己的直觉变得迟钝。我宁愿外表漂亮而不是聪明。"

她皱起眉头,我想我自己犯了一个错误。"这话听起来就像是奥利维尔爵士告诉我要变得性感。我宁愿自己是聪明的。我希望我经受过更长时间的正规教育。有时候阿瑟[1]和他的朋友在聊天的时候,我常常跟不上。我对政治了解得不多,只是刚刚过了觉得一切非黑即白的阶段。政治家之所以能逃脱被杀害,只是因为大多数美国人对政治的了解不比我更多,甚至还要少一点。阿瑟一直很擅长解释很多事物,但我觉得,以我的年龄,我应该知道这些。这是我的国家,我应该知道政客们在做什么。"她突然

---

[1] 剧作家阿瑟·米勒(Arthur Miller,1915—2005),玛丽莲的第三任丈夫。

坐起来，"现在几点了？"

我站起来，看了看酒吧的时钟。已经过了六点钟了。

"我得要走了。我约了朋友出去吃晚饭。你要来吗？"

"我晚餐也有约了。"

"我希望不是和一位女士一起的。"她语气严肃，"你必须忠诚于克里斯汀。许多美国男人非常不忠，但他们却希望女人对他们忠诚。"

"刚刚我和世界上最性感的女人一起喝了一杯，克里斯汀可能不会认为这是忠诚的。"

"我们只是朋友。"她说，好像是在对记者做新闻发布。她笑了起来，一些人在酒吧回头看着我们。"我必须立刻走了。我总是迟到很严重，不过人们对此有所预期，所以有些朋友给我约定的时间会早一个小时，这样我就会恰好准时到达。你不用和我一起出去了。"

"我把你送上出租车。"

我希望她在出门的时候不会被认出来。我不想充当她的保镖。但她却很淡定。这种场景对她来说是非常熟悉的，她可以随时打开或关闭自己的吸引力开关。现在，她关上了自己的开关。人们的目光不由自主地追随在她的身后，但她走路时并没有扭动或晃动。有几个男人盯着她看，但没有人在她走后大喊大叫。

"你有时间让我去找一家书店，给你买本《鹿苑》吗？"

"如果你愿意的话。"她很配合地回答。

我们沿着第八大道走了几个街区。人们仍在回家的路上，匆忙地赶往地铁或港务局巴士站，她很轻易地融入了人群，没有引起轰动或注意。大多数人都匆匆忙忙，甚至没有看向我们。一个年逾中年的酒鬼，脸色黑漆漆的，满是皱纹，向我们讨要了一枚25美分硬币。她给了酒鬼一枚硬币，酒鬼非常有礼貌地道谢。我催促她继续前行。

"我应该给他一美元的，"她说，担忧地回头看了看，"我刚才没想到。"

"不过他还是很高兴。"

但玛丽莲显然并不满意，直到她走了回去，又给了那个男人一美元。这位酒鬼像看到金砖从天上掉下来一样惊讶。她害羞地向他微笑，面色尴尬。这样的举止在第八大道上并不容易被忽视。我们没有走多远，一位卖花的老妇人拦住了我们，她长着一张坚实愉悦的爱尔兰面孔。我给玛丽莲买了一朵红玫瑰，她把它插在头巾上，让玫瑰从她的头右侧伸出来。

"看起来很漂亮，"那位老妇人看着玛丽莲说道，"亲爱的，我是不是见过你？"哦，我想，麻烦来了。我看着老妇人慢慢认出了她。"你是不是玛丽莲·梦露？"玛丽莲微笑着点了点头。

"亲爱的，你最近好吗？"那位妇人问道，握住了她的手。

"非常好。"玛丽莲回答，全神贯注地听着。"你呢？"

"不要抱怨，亲爱的玛丽莲。抱歉你和你的丈夫分开了。你在男人身上的运气和我的一样差。下一个会更好的，保持微笑，亲爱的。"

玛丽莲微笑着说："也祝您好运，卖花的女士。"

但要摆脱这一切却不那么容易。那位老妇人想要一张亲笔签名,但她没有纸。我从我的笔记本上撕下了一页。玛丽莲问她的名字,写了一张"祝好运"的留言并签了名。那位老妇人笑了。"这真可爱,玛丽莲。"

当老妇人四处张望,想找人可以诉说她刚刚偶遇玛丽莲的时候,我们赶紧离开了。玛丽莲·梦露在第八大道的消息很快就会传开。我们找到一家平装书店,我给她买了《鹿苑》。

"我会读它的。"她说,"然后告诉你我对它的看法。"

我为她叫了辆出租车。司机长了一张警觉而睿智的脸,我打赌,在把她送回家之前,他会认出她。她的伪装并不那么出色。

她越过打开的车窗说:"我们有机会再约。今天的谈话真是太有趣了。我很喜欢。"

"我也是。"我说,"你是在客气还是认真的?"

"认真的。"

"那下一次是什么时候?"

"后天。"她回答,附带上道歉的口吻,"明天我整天都有事。"

我们约好了在同一家酒吧见面。她说她喜欢这家酒吧。

我挥手向她告别,然后去了一家小食餐吧,记录了一些我们的谈话。在那些采访繁重的日子里,我练就了良好的记忆力。所以即使我并不总是记得她的确切措辞,我也能记得玛丽莲说过什么。我仍然在思考,她到底是单纯的友好,还是背后有别的目的?但她能有什么目的呢?如果我真的什么都不写,我对她的事业发展又有什么用呢?怀疑的情绪仍然像毒药一样萦绕在我的心头。

＊　＊　＊

这次见面，她的情绪看起来很不一样，非常犹豫和紧张，迟到了将近一个小时。她站在酒吧附近，不安地四处张望，而我赶紧走过去迎接她。她穿着邋遢的衣服，因为紧张，甚至显得似乎更不像那位著名的明星。

"我迟到了。"她说，一脸我可能会责备她的样子。

我给她点了一杯酒，我记得还是金汤力。当我回到桌子前的时候，她的举止似乎有些疏离。我不知道这是否是因为她已经喝了很多酒，又或者是药物的原因。

"我差点就爽约了。"她说。

"我很高兴你来了。"

"我想一直待在家里的——可以远离人群。"

"你是不是情绪有点低落？"

"有点。"她迅速喝了一口酒，"我见了蒙哥马利·克利夫特。他很帅气，但他正在慢慢自杀。"她紧张地笑了笑。"或者说，不那么慢。"

"我听说他被人在公共浴室里见到过。[1]"

"他为什么需要那个？他好像是在逃避自己。"她咧嘴笑了。"我知道那种感觉。"她在包里翻找，拿出了我给她买的《鹿苑》，放到了桌子上，"在我看来，他对权力太过着迷了。"

---

[1] 暗示此人是同性恋。

"我以为他理解这些。"

"你别想愚弄我,"她说,"我也有过那种感觉——害怕成为失败者。"为了让自己的话听起来可信,她又讲了一遍她在雷诺告诉我的有关贝蒂·格拉布尔的故事。"他们永远不会那样羞辱我。我会从事戏剧或表演——或者索性离开这个行业。我永远不会等着他们和我说'再见'。我曾经享有过名声,但也许我可以学会籍籍无名地活着。你觉得呢?"

"我相信你可以做到的。这样甚至可能更好。之后你的私人关系一定会更简单一些。"

"那就不会吸引那么多混蛋了。我对男人的品位经常真的太差了。有一段时间,如果一个男人对我感兴趣——任何一个男人——我都会受宠若惊!我太容易相信人了,然后他们一次又一次地让我失望之后,我选择了继续相信他们。那段时间我真的太愚蠢了!我猜,我可能还会再次对某个家伙头脑发昏,但是他必须起码不是一个混蛋。我并不是没有为我所做的一切付出过代价。有几次,我和我的某任前夫在聚会上遇到一些好莱坞的混蛋,他们会当着所有人的面摸我,好像在炫耀,看,我们占有过她。我想,这是一个曾经做过妓女的人才会遭遇的典型情况,尽管我从来没有真的当过妓女。我也从来没有被包养过;我总是自己养活自己。但有一段时间,我太容易回应别人的花言巧语,和太多人上过床,因为觉得这会有助于我的事业。虽然说我当时也喜欢着那些人。他们总是自信满满,而我根本没有自信,所以和他们相处会让我感觉良好。但你并不会通过这种方式获得自信。你必须通过赢得尊重来获得自信。我从来没有放弃过那些我认为尊重我的人。"她的眼睛很大，目光坚定，似乎在争取我的信任。

"我相信你受到的尊重远比你意识到的要多。"

"你真的这么认为吗？"

"人们尊重你，因为他们觉得你挺过了那些艰难时期，忍受过很多痛苦。虽然现在你成名了，但你并没有因此变得虚伪。"

"谢谢你。"她说，"我努力做到最好了。"她往后一靠，放松了一下。"如果我不是一个好的同伴，请原谅我。我一直睡不好觉，这让我脾气暴躁。我过去脾气不好，但现在我努力在控制。可怜的阿瑟，他见过我的坏脾气，那简直就是电闪雷鸣！这就是为什么现在我尝试表现得温柔，虽然有时候这是不可能的。"

我和她说了和宝拉·斯特拉斯伯格的会面："她和李·斯特拉斯伯格真的相信你会成为一名伟大的舞台演员。"

"哦，我希望如此。我正在非常努力地学习，让自己足够优秀，从而获得信心。他们对我的信任帮助我坚持下去，尤其是在我睡不着、没有多少精力的时候。他们在基础知识上帮助我一起努力学习——就像钢琴家和他的音阶一样。放出声音、做出动作、控制呼吸——所有这些。我最近在练习一些小片段，比如契诃夫的剧本。我曾经读过田纳西·威廉斯的剧本《欲望号街车》中布兰奇·杜波依斯的角色。等再过几年，我想在百老汇的舞台上演这个角色。我很喜欢最后一句台词，她说——我记不清具体是怎么说的了——她总是太依赖陌生人的好意。我明白她的意思。朋友和亲戚或许会让你失望，你可以依赖他们。但千万不要太依赖陌生人。当我还是个孩子的时候，一些陌生人对我很不好。"

"我曾经读到,你小时候被性侵过。"

"我们别谈这个了。我不想再谈这个了。我后悔把这件事告诉了别人。"她心不在焉地用餐巾擦了擦桌子,然后对自己笑了笑。"我们谈谈家庭主妇吧。我喜欢做家务,这能让我不去想那些事。但想想布兰奇说的,你知道我一直依赖的是谁吗?不是陌生人,也不是朋友。是电话!那是我最好的朋友。我很少写信,但我喜欢给朋友打电话,尤其是在我睡不着的深夜。我做过一次梦,梦见半夜所有人都起来一起去杂货铺。"

"施瓦布药店那种?"

"不是,这个情景让我有点沮丧。"她一边把玩着酒杯,一边思考。"我想起了蒙哥马利·克利夫特。那些连为他开门都不配的人嘲笑他是同性恋。他们知道些什么?贴标签——人们总喜欢给别人贴标签。这样他们就会感到安全。人们也想把我变成女同性恋。我笑了,只要有爱,性就没有错。但人们常常把性当成一种机械的健身运动。杂货店买来的随便一台机器就可以像活人一样满足他们的需求。有时我觉得他们甚至想把我变成一台机器。"她尴尬地笑了笑,喝了一口酒。但她并没有放弃这个话题。好像有什么东西在困扰着她。她继续说下去,像在自言自语。

"有时我感觉自己像对性上瘾,就像酗酒者对酒精上瘾,瘾君子对毒品上瘾一样。我的身体就像点亮灯泡一样激发了所有人的欲望,但几乎没有人将我看作是一个真正的人。玛丽莲·梦露成了一种负担,一种——怎么说呢?——仿佛背负了沉重的负担。人们对我期望太高,我有时挺讨厌他们们。这太过分了。我现在仍然有同样的感觉。玛丽莲·梦露必须符合某种固定的模式——要漂亮——有特定的举止,有才华。我曾经怀疑自己是否能够达到他们的期望。在《乱点鸳鸯谱》中有些感情戏,我觉得无论多努力都会失败,每天早上我都不想去片场。那时候我很希望自己只是一名服务员或一名清洁工,这样就能不用背负人们对我的巨大需求。有时候,不再有名对我可能是一种巨大的解脱。但我们演员都有这样的担心,这样的——你那个词怎么说来着——自恋型人格。我能坐在镜子前好几个小时,在我脸上寻找衰老的迹象。尽管如此,我喜欢老年人;他们有年轻人所没有的伟大品质。我想自然变老,不接受面部整形手术。整容会夺走面部的生气和特色。我希望我能有勇气面对自己的脸。有时候我想,避免变老甚至是更容易的事情,只要年轻的时候死去就好了,但那样你永远不会完成自己的人生,对吗?你永远无法完全了解自己。"

"很多人不想了解自己。"

"我不认为我是那种人。"她认真地说,"但有时候,我也会害怕发现自己是什么样的人。很长一段时间,我害怕自己会变得像我妈妈一样,最后进了疯人院。当我崩溃的时候,我会担心自己是不是不够坚强——就像我妈妈一样。但我希望自己变得更坚强。"她的情绪似乎在好转。"我问自己:'我害怕什么?'我知道我有才华。我知道我会演戏。那就去做吧,玛丽莲。我觉得我仍然试图讨好别人,试图说出他们想要听到的话。那也是一种害怕。我们都应该在还没有太老之前开始真正活着。害怕是愚蠢的,后悔也是。你知道吗,很长一段时间,我都为自己没有获得高中文凭而遗憾。但现在看来,这又有什么关系呢？所有那些拥有高中文凭的人，都会愿意成为电影明星。你必须保持一种分寸感。我猜，高中文凭对我来说意味着一个家，一种我从未真正拥有的安全感。我从未习惯过幸福的人生。多年来，我一直认为有父亲和婚姻就意味着幸福，我从来没有父亲——这不是我能花钱买到的！——但即使结了三次婚，我也还没有找到永恒的幸福。你必须好好把握当下。让我们玩点恶作剧吧。"她笑了，环顾了一下酒吧。突然间，她变得很快活，好像摆脱了困惑和沮丧的情绪。

"你想跳到吧台上跳舞吗？"我问，试图能跟上她愉快的心情，又觉得自己的心思太显而易见。但她不是那种希望你每次都成功的人；她只要看到你的努力，就会在心中做出奖赏。

"我们只会被赶出去的。"她乐呵呵地说。她让我觉得我开了个好玩笑。"这是个男人的酒吧。女人必须保持低调。"

但玛丽莲·梦露会是个例外，我心想。她完全可以掌控这家酒吧，让那些粗汉们全都对她言听计从。但她看起来很害羞，似乎并没有想表现自己的意愿。反而是对被拒绝的担忧占据她思绪的上风。

"如果换作梅·韦斯特会怎么做？"她说着笑了笑。

"可能会和酒保打一架。"

"我从她那里学到了几招——对性感加以自嘲。"

"你是一个更加美丽的梅·韦斯特！"

"她很英俊，"她用精妙的梅·韦斯特的口吻说，"有时间来看看我。"她推开自己的酒杯，说："你猜我想要点什么？一杯咖啡。"

"隔壁有家小食店。"她想要起身。

"不,你待在这儿就好,我去给你买。"她在一家明亮的小食店会更加引人注目,我希望能多和她待一会儿。

我回来的时候,她正在用餐巾纸擦拭鼻子。

"我的鼻子看上去有点亮吗?"

"不,看上去很好。"

"你真的帮了我很多。"她抿了一些咖啡,"我希望酒保不会不让我喝外带的咖啡。"

"他那么忙,根本不会注意。不过如果他真的过来,你只需递给他一个微笑。"

"你觉得这就有用吗?"她做出一个机械的微笑。

"再真诚一点。"

她大笑出声。好吧,她今天的情绪确实有点奇怪。

"你知道吗,我一直在考虑立遗嘱。我不能告诉你为什么,但这个想法一直在我脑海中,也会让我感到有点沮丧。我本来一直以为立遗嘱是你老了或者生病了才会做的事,但人们告诉我,如果你有东西想要留下就应该立遗嘱,因为这可以省去很多麻烦。但我现在并没有什么钱,不过也许《乱点鸳鸯谱》会给我带来些什么。总而言之,我一直惦记着这事。如果我不立遗嘱的话,我猜我所有的东西都会留给我妈妈,那她会怎么处理呢?"

"你完整看过《乱点鸳鸯谱》吗?"

"我刚拍完不久,离得太近还无法观看。有些人说它相当不错。不知道那些影评人会说些什么。"她听起来很焦虑。

我安慰她:"他们会称赞你的表演。"

"噢，希望如此。"她感到担忧，"克拉克如果还活着能看到这部电影就好了。他去世时，我一度为自己是否在拍摄时给他带去了太多压力而感到内疚。虽然这是很荒谬的想法，他的心脏本来就有问题，我无法阻止这一切。但他是个坚强、正直的人，一位真正的绅士，所以他的去世让人感到无比震惊，就像父亲去世一样。我那时候整夜都在哭泣，我原本打算参加他的葬礼，但害怕自己会情绪崩溃就没有去。我对他很有感情。我常常想，如果我们在年轻、年龄相仿时相遇会怎么样呢？但我猜或许也没什么好结果。因为当两个人都很有名时，一切会变得更加复杂，就像阿瑟和我一样。"

她睁大了眼睛，仿佛自己都难以置信她刚刚在思考什么。她继续说道："名声会引起嫉妒。有时人们只因为你是个名人就恨你。他们会在你面前虚伪地示好，然后你永远不会再见到他们。我喜欢因为我本身而被喜欢，但很多人却毫不关心你是谁。他们唯一关心的是你的名声——只要你还拥有名声。我喜欢逃离这一切，就像我们现在正在做的一样。在我很小的时候，世界对我来说相当阴暗。所以我喜欢用游戏和自我欺骗来逃避这一切。我是一名演员，在假装相信这一点上我能做得更好，以至于有时候我几乎完全逃离，人们再也不让我回到现实世界了。你被困在了你的名声里。也许我永远都摆脱不了这一切了。直到我慢慢变老、名气逐渐消散，那时候我该做什么呢？我不认为名气消散会让我崩溃。我有很多想法。我对一切都充满兴趣。表演角色、朗诵诗歌、瑜伽、旅行——几乎一切。这些能让我保持活力和生气。"她说着，不禁轻笑起来。

她喝完了咖啡。然后沉默了。

"巴尔扎克是世界上最爱喝咖啡的人之一。"我打破了沉默。

"那个法国作家吗?"她的脸上再次出现了那种不确定的表情。

"是的,他经常通宵写作,依赖浓郁的咖啡来保持清醒。"

"他不睡觉吗?"

"看他的传记你就会发现,他哪有时间休息。他50岁就因为过度劳累去世了。"

"我忍不住想我50岁的时候会是什么感觉呢?都活了半个世纪了!"

"可能那时你会完全和自己和解。"

"希望真的可以。你是几月几日生日?"

"1月8日。"

"你的星座是什么?"

"摩羯座。"

"摩羯座!"

"那你的星座呢?"

"双子座。"

"双子座的人是什么样的?"

"就像《变身怪医》里面的杰克和海德一样。双重人格。"

"你是这样的人吗?"

"我不止双重人格,我有好多个人格。有时候我都会把自己吓到。我多希望我只有一个自己!我曾经觉得自己像个疯子,直到我发现一些我很敬佩的人也是这样。阿瑟就有好几百个不同的人格。"她笑了，看起来有点不好意思。突然她又转变到别的话题。她总是话题跳跃多变。"人可以克服害羞吗？我觉得害羞会伴随人的一生，就像——就像你眼睛的颜色一样。"

"也许内心一直会不变。但可以学会在外表上掩饰和隐藏。你好像学会了如何克服害羞，对吧？"

"有时候也不能。有时候我还是会紧张得说不出话来。"她看上去非常认真。"如果我更有自信，我想我能取得更多成就。"

我告诉她，田纳西·威廉斯告诉过我，他对自己的作品没有自信。她谈到想要逃避周围世界的话，也让我想起了田纳西说过通过写作来逃避现实的话。"你们两个听起来很像。"

"也许太像了——就像我和蒙哥马利·克利夫特一样。你不会寻求和自己相似的人，你会寻求和自己有不同品质的人。能和我友好相处的男性，简直和我太不同了——阿瑟、乔、弗兰克还有……还有……还有……还有太多人了。但我现在还是一个人。我不喜欢独自一人，没有人喜欢一个人。独自一人会让你感到有太多压力。虽然有时候这也可以让人远离麻烦。"

"但它也会让你陷入麻烦。"

"为什么？"

"你想要有个伴，所以你会轻易选择任何伴侣，有时候，这会让你遇到不好的人。"

"是的，这是真的。我经历过这种事情。我现在要谨慎些，不要再这样了。我确实曾经和一些讨厌的人交往过。"

"每个人都有过。"安慰的话听起来有些无力。但她的样子让我忍不住想说点什么来帮帮她，只是我不知道该说什么好。

"就算是烂人也会和烂人在一起。"这句话让她觉得很好笑,她往后靠在椅背上大笑了起来。她似乎想努力调节气氛,强迫自己开心一些。

我又给她讲了《纽约客》杂志创始人哈罗德·罗斯的故事,当时,有人抱怨插画师詹姆斯·瑟伯画中的女性不够性感。据说罗斯回应说:"对瑟伯画中的男性来说,她们是很有魅力的。"

"你的意思是,在烂人眼中,其他烂人其实不是烂人?"她说得非常认真,好像在解决一个复杂的数学方程。

"我想是的。"

"这一切都取决于你的出发点。"

"取决于你站在什么立场上。"

"取决于你是谁。"她说。

她的一位朋友告诉我:"和玛丽莲的对话可能会突然变得很严肃,而话题也会跳来跳去。"我非常明白她的意思。玛丽莲一直在努力提高自己的情绪,而我为自己没能让她一直保持愉快的心情而感到抱歉,虽然也许这并不是我的错。

玛丽莲看着一只灰色的猫懒洋洋地走过吧台的顶部。"如果那是只老鼠,只会四处逃窜——"

"或者有人会想要杀死它。老鼠太危险了。"

"有人告诉我,只要你不攻击老鼠,它们并不危险。"

"别信这种话。"

"猫也可能很危险的。"

"这样的情况很少。猫一般都不理睬你。"

"这取决于猫在哪里吧。"她突然笑了,"我大胆说一句,你有没有注意到,你可以自说自话地说一些不可能的事情?"

"我曾经专门报道政客。他们总是说一些不可能的事情。"

"约翰·肯尼迪讲话总是很有道理。"她坚定地说。

"并不是一直都是。"

"哦,他一直是的。"

"你看到他把他的兄弟鲍比[1]任命为司法部部长了吗?"

她面露惊讶。她对时事的了解似乎有所欠缺。"任人唯亲,是吗?肯尼迪家族到底有多少人?也许他会任命家里所有人,然后成立一个肯尼迪政府。"她笑了,"人们说,他们的父亲让他们都成了百万富翁。"

"你听起来很尊敬他们一家。"

"我钦佩他们的热情,他们给人一种热爱生活的感觉。这在公众生活中非常罕见。公众人物通常看起来只是像件被填充的衬衫,或者像块墓碑——纪念碑。如果你活着却不享受生活,那就是在浪费生命,但是太多人都犯了这个错。"

"我觉得。这也是为什么你能如此受欢迎的原因:你似乎也很享受生活。"

这句话让她很高兴:"你这么认为吗?"

"人们也将你比作灰姑娘。"

"灰姑娘?那和把邓波儿比作洛丽塔一样糟糕。"

"我意思是,那个曾经贫穷的美丽女孩,如今已经苦尽甘来。"

"我没有苦尽甘来。我多希望我已经做到了!"

---

[1] 即罗伯特·F. 肯尼迪(Robert F. Kennedy, 1925—1968)。

"对于电影观众来说,你已经做到了。你现在可是一位明星!"

"不管这意味着什么,不管这值多少钱。"她露出了一瞬间的忧郁,然后又灿烂地笑了。"但不要贬低这一切。这可以让我获得自由。如果没有这一切,我现在仍然会出现在日历上——而且是裸体的。"她咧嘴笑了,"有些制片公司的人当时非常震惊,而现在似乎没什么了。我当时还是很享受拍那些照片的。我和我的身体有很亲近的关系,我好好照顾了自己的身体,没有虐待它。但有时候我也会对自己的身体着迷,过于沉浸其中,当摄影师来拍照的时候,我就像照镜子一样。他们认为,是他们在按照自己的拍摄需求安排我,但实际上,是我在利用他们来展现自己。在电影行业,这是必要的,但我常常并不喜欢。不过我从不表现出来,因为那可能会毁了我。我并不傻,我需要摄影师的好感,有时候阿瑟也会一起帮我看看这些照片,帮助我找出不好的地方。当然了,不好的地方指的就是我看起来没有那么漂亮的照片。"她咯咯笑了起来。

"我偶尔会觉得,当我杀死那些对我的公众形象有害的东西时,我也同时杀死了真相。比如那些玛丽莲邋遢滑稽的样子。曾经有一段时间,我对美丽产业的依赖如同瘾君子对毒品的依赖一样强烈。如果能穿上邋遢的衣服、不必担心自己给别人留下了什么印象,就真是一种解脱。但维持美貌是我职业的一部分——也是我的生活!——我接受这一切。当我开始变老,大多数粉丝也逐渐离开。很高兴认识你,再见。我不会在意这些,我会准备好来面对。这个世界上还有其他类型的美,还有其他让人印象深刻的方式。我希望通过纯粹的表演来实现这一切。我真的希望。"

她补充道,仿佛我要对此提出质疑——或者嘲笑。"在剧院中,你可以创造永恒的美。舞台和观众的距离、台上的灯光、化妆造型,都有助于创造精妙幻象。你刚才提到的那位伟大的女演员是谁来着?"

"秀兰·邓波儿吗?"

她对我发出开玩笑的一声大吼。

"帕特里克·坎贝尔夫人。"

"玛丽莲·梦露夫人。这听起来怎么样?"她又提起了情绪,很是欢快。那天她似乎一直在不断抗争着什么,努力不让自己陷入悲伤的情绪。她还似乎着迷于认为,剧院对她来说是某种救赎。她紧紧抓住这一想法,但我不敢确定,如果没有其他什么也可以抓住的,这种救赎究竟能有多大的实质性价值。我总是看到她迟到一个小时,或是在第九十场表演中忘记台词,然后露出痛苦的表情。我想,所有的演员,当他们如此密切地凝视自己时,也必须同时凝视自己所有的噩梦。他们必须有无比巨大的力量,才能如此紧密地与这些噩梦同存。玛丽莲·梦露无疑在许多方面都是一位坚韧的职业女性,但同时她也很脆弱且容易受伤。而她的这一面,究竟有多少是为了博取同情而表演的呢,有多少其实是诱惑的一部分呢?

我仍然不知道答案。但玛丽莲好像是为了提醒我,俯身抚摸着刚才吧台上的那只猫。这只猫已经结束了对吧台常客的一一检查,然后跳下来嗅了嗅我们。"我想知道这只猫能不能喝酒。"她说,"它太瘦了。他们或许一直用酒代替食物喂养它。"她小心翼翼地抚摸着猫。"我觉得它现在有点兴奋。"她对猫喃喃自语,

"叽咕叽咕"地说着什么。猫似乎对这些毫不感兴趣。"我用猫的语言问它最喜欢的饮料是什么。"

"它怎么说的?"

"牛奶,但喝得不多。在这里,牛奶比苏格兰威士忌更难找到!"

"可怜的猫。"

"它不可怜,它很坚强。你不应该可怜动物,这样想太优越了。我们都很可怜。"

"抱歉。我只是想表达同情。"

"嗯。"——她微笑着——"我们不能爱每一个人。我已经尽力了。"突然她又陷入了悲伤,短暂的快乐结束了。她不再抚摸手中的猫。"我该走了。"她说,"我已经迟到好几个小时了。"我感到,她只是想离开"做自己"的状态,这样她就不必那么费劲了。虽然不知道是为什么,但我觉得那天对她来说是不那么美妙的一天。

我生出一股保护她的冲动，一种希望她能远离丑恶和伤害的愿望——也许这种愿望也是公众对玛丽莲的温情的根源之一。

THE LAST INTERVIEW:
"A LAST LONG TALK
WITH A LONELY GIRL"

最后的访谈：
"与孤独女孩的
最后一次长谈"

采访者
理查德·梅里曼

《生活》杂志（*Life*）
1962 年 8 月 17 日

仅仅在玛丽莲·梦露去世前几周,她与《生活》杂志的副主编理查德·梅里曼展开了一次长谈,讨论关于名声对她生活的影响。她的故事刊登在杂志 8 月 3 日的期刊中。以下是梅里曼回忆他与玛丽莲交谈时的情景。

如果玛丽莲·梦露很乐意见到你,她的"你好"将在你心头回响一生——后一个音节上的强烈重音上包裹着气喘吁吁的温暖,深邃的眼眸望向你,脸上洋溢着令人陶醉的少女般的微笑。

我第一次经历这个情景,是我们在纽约见过两次之后。那是几周前的一个傍晚,我来到她位于加利福尼亚布伦特伍德的家中,和她展开一系列关于名声的对话。在等待玛丽莲的过程中,我坐在客厅铺满整块地面的柔软地毯上,努力设置我的录音机。突然间,我意识到一条明亮的黄色裤子站在我旁边。那是玛丽莲,她默默地微笑,看着我,身材挺拔纤细,肩膀小巧精致。她似乎比我记得的要矮一些,穿着一件宽松的上衣,看上去非常漂亮。我站起来打招呼,她说:"你要用我的录音机吗?我正好有一个,平时用来播放我一个朋友的诗歌。"

在我们长达六小时的对话开始之前,她想向我展示她的房子,这是她亲自选址购买的。之前描述起这所房子时,她欣喜地喊道:"……而且,这里有墙。"她拒绝向《生活》杂志提供房子的照片，她说："我不希望每个人都看到我住在哪里，我的沙发或壁炉长什么样。你知道《凡人》这本书吗？我想一直留在凡人的幻想中就好。"

这是一座墨西哥风格、带有三间卧室的小独栋，是她自己完全拥有的第一个家，她为此欢欣鼓舞。在一次特别的墨西哥之行中，她仔细搜寻了每一处路边摊、商店甚至是工厂，以找到适合放在这间房子里的物品。那些大件的物品尚未送到，而她也永远无法看到它们送来的那一天了。当她带我参观这些房间时，房间显得空荡荡的，好像她只是临时住在这里。她兴奋地描述了每张沙发、桌子和梳妆台，它们将摆放在哪里，都有什么特别之处。那些墨西哥小物件——锡烛台、精巧雕刻而成的折叠凳、皮革包裹的咖啡桌、厨房墙面上的瓷砖———一展现了她冲动而迷人的品位。和独栋别墅分开的，连接到她的双车位车库的地方，有一间单独的房间正在改建成一个单间公寓，她解释说，这将是"给一些身处困境的朋友暂住的地方，你懂的。他们也许会想住在这里，不会被打扰，直到一切慢慢变好"。

我注意到，屋外有一大片鲜花。她的脸瞬间一亮，说道："我不知道为什么，但我总是很擅长让任何事物生长。"她继续说道："我和米勒结婚的时候，有一次我们庆祝光明节，我觉得我们也应该有一棵圣诞树。但我无法忍受真的去室外砍一棵圣诞树。"

回到客厅里，玛丽莲先给自己倒了一杯香槟，我们坐在一把普通的椅子和沙发上继续谈话。每个问题之后，她都会停下来深思熟虑，"我在试图找到问题的核心，而不只是简单打一拳。"她说，然后深吸一口气。紧接着，她的思绪会纷纷落下，带着喘息的词汇接连不断。有一次她说："应对名声的一个基本方式就是坦诚，我是认真的。另一种因为名声而招致某事之后的处理方式是——就像最近发生的事情一样，还有其他也在我身上发生的事情，突然间，天呐，人们对我做的事情真的让人很难承受——我用沉默来处理。"

她的语调充满了意想不到的转折，每种情感都无比饱满，辅之以兴奋的手势。她的脸上闪过愤怒、渴望、豪放、温柔、后悔、高级的幽默和深刻的悲伤。而每个想法通常都以令人惊讶的思维转折结束，她的笑声一路变成愉悦的高声尖叫。玛丽莲说："我想我一直都是有一点幽默的。我猜有时人们会质疑，'她知道自己在说什么吗'，有时候我只是突然会想到其他事情，而并不是有意这么说的。我在指我自己。我不会用头脑仔细思考这些事。如果我真的这么深思熟虑，一切就都不对了。我只会变成知识分子，而我对此并不感兴趣。"

这时候，我开始意识到，玛丽莲做任何事情都是全情投入的。对于数百万的粉丝，她说："至少，我能做的是给他们提供我能做到的最好的。如果你只是吸一口气然后呼出来再吸下一口，这反反复复有什么意义呢？"我也感受到，对她来说，与之交谈的人能够"理解"是多么重要。

理解，意味着富有同理心，在所有事情上都全力支持她，能够认知到她表情达意的微妙之处，珍视她所珍视的一切，尤其是在细微的小事上。当我对她的新房子表达真诚的热情时，她说："太好了，任何喜欢我房子的人，我们肯定会相处得很好。"

但我也一直感到不安，我觉得我在她心中的地位是并不稳固的，如果我稍微粗心，她可能就会突然把我划分成不理解她的人，就像其他那些她觉得让她失望的人一样。有一次，我用了一句俚语问她如何"启动"自己来演一场戏。立刻，我面对的就是她女王般的震怒："我不启动任何东西。我不是 T 型车。我觉得这样用词有点不尊重。"

但我无法对她的缺乏耐心感到真的不耐烦。因为，当她谈论起那些写关于她的专栏和报道的人时，一切都变得非常容易理解。"这些人四处打听，大多会询问你的敌人。而朋友们总是会说：'我们需要看看这么写对她是否合适。'"然后，她又不满足地加了一句话："你知道，大多数人真的不了解我。"她说，有一次发现继子鲍比·米勒藏了一本杂志，上面刊登了一篇关于她的耸人听闻的文章，乔·迪马吉奥的儿子也曾因她而在学校备受嘲笑。说到这些时，她的眼中充满了悲伤。

"你知道的，就是那种，哈哈，你的继母是玛丽莲·梦露，哈哈哈哈。都是些这种话。"当她一次又一次地提到"孩子、年长的人和工人"是她生活中温暖的源泉时，她的声音中充满渴望，他们是对她毫无威胁的人，能够自然坦率地对待她，她也能直率地与之相处。我生出一股保护她的冲动，一种希望她能远离丑恶和伤害的愿望——也许这种愿望也是公众对玛丽莲的温情的根源之一。

在那天深夜离开之前，她要求我将采访的文字稿寄给她。"我经常在半夜醒来。"她解释说，"我喜欢有些东西可以琢磨。"

第二天下午，我前来进行第二次采访，刚见到玛丽莲，她就立即要求推迟采访。她说她正在与20世纪福克斯公司就继续拍摄电影《濒于崩溃》谈判，现在已经筋疲力尽。但她热情地为我倒了一杯酒，我们聊了会儿天。显然，她很不开心，但没有露出丝毫沮丧的迹象。她愤怒地谈论电影公司对待旗下明星艺人的方式有多差。她停下来，说需要一些东西来帮助自己克服疲惫，然后倒了一杯香槟。我问她，是否曾希望自己的个性能更强势。她回答："是的，但我觉得个性强势会显得不够女性化。我想我会满足于我现在的样子。"

她的医生到了，打断了我们的谈话。玛丽莲跑去厨房，拿出一个小小的安瓶，把它举到我面前说："我没在开玩笑，他们要往我肝上打一针。来，我证明给你看。"那时候，她还很愿意滔滔不绝。那时已经接近午夜，玛丽莲突然跳起来，宣布说她要煎一块牛排。但她很快回来，说家里并没有牛排，也没有任何其他食物。在我离开之前，她说的最后几句话是："对于名声，你知道，你可以到处读到关于你的报道、别人对你的看法，但最重要的是你如何看待自己——为了生存和活着，你如何应对每天不断发生的事情。"

因为玛丽莲在周末约好了去拍照，所以我建议我们在她中午有约之前一起吃个早餐。她同意了。周六早上十点，我到了，按门铃没有回应之后我继续按铃。还是没有回应。但透过窗户，我能看到一个男人坐在她的小玻璃阳台上，正在翻阅一本杂志，他看上去已经等了很长时间，几乎耗尽耐心。我又按了大约十分钟门铃，然后离开了一个小时。十一点，门铃终于被玛丽莲的管家穆雷夫人接应，她领我在玛丽莲卧室隔壁的客房里等待。中午的时候，穆雷夫人端了一盘早餐进去。不久之后，玛丽莲出来了，和我打了招呼。

接着，我就亲眼见证了玛丽莲为每次会面做准备的传奇过程——这一次，她迟到了四个小时。之前阳台上那位耐心等待的男士是她的发型师肯尼斯先生。做发型的过程中，玛丽莲坐在风筒下面，一阵阵笑声传来。然后，她顶着满头的卷发棒，赤脚穿梭于房间内外，进进出出地打电话，问我是否一切安好，忙个不停却啥都没做成。完全没有我之前听说的，她会在镜子前流露出的紧张地梳妆打扮的情形。她非常开心，并且没有任何计划性。那一刻，我不禁觉得，很多人指责她怯场，恐怕要归咎于她欠下的无休无止的时间债务。日常生活中不得不完成的机械工作已经超出了她的能力范围；她总是从一开始就落后，然后永远也赶不上。

最后，她差不多准备好了，轻快地走进了我的房间。她穿着高跟鞋、橙色裤子和文胸，随意地抱着一件橙色上衣在胸前，问："穿着这套套装，我会看起来像南瓜吗？"她看起来非常漂亮。"你领先时尚行业十年。"我回答。她非常高兴："你真的这么认为吗？太好了！"

两天后，我打电话给玛丽莲，预约下一次见面，讨论关于她文章的最终稿。她说："你随时都可以来，你知道的，来吃早餐。"她声音中有一种独特的音调，我已经非常熟悉——一种极具吸引力的，对取悦他人的渴望。又一次，我还是十点钟到达，这一次，她还是睡到了中午。最终，我们一起坐在一张小沙发上。她光着脚，穿着浴袍，昨晚的睫毛膏还没有擦掉，头发也乱糟糟的，但她的言行却让我觉得备受恭维。"朋友们——"她说，"接受你本来的样子。"她的脸色像往常一样非常苍白。她把手稿高高举在眼前，仔细大声朗读出来，细致地聆听每个词，以确保那些话听起来正是她自己。

那天，她留下了我的手稿。下午晚些时候，我回去取走稿件。在房子的台阶上，她给我展示了她在我稿件中做的修改，都是很小的修改。比如，她请我删除一段有关她给有需要的人默默赠予金钱帮助的描述。

然后，我们就彼此告别了。我正要离开时，她突然叫住我，"嘿，谢谢。"我转过身，回头看着她，她站在那里，非常安静，有一种奇怪的孤独感。我想起早些时候，我问她，当她被福克斯开除的时候，是否有很多朋友打电话来给予支持和鼓励。她沉默着，背挺得笔直，眼睛睁得大大的，伤心的样子。她轻声回答："没有。"

玛丽莲·梦露 Marilyn Monroe

享誉全球的女演员、模特，20世纪最著名的流行偶像之一。她出生在洛杉矶，原名诺玛·简·莫特森。21岁时出演了人生中第一部电影，并于1953年取得了电影事业上突破性的成功。梦露出演过20多部电影，包括《绅士爱美人》《七年之痒》《热情似火》。

萨迪·道尔 Sady Doyle

作家，著有 *Trainwreck*、*Dead Blonds and Bad Mothers*。作品见于 *In These Times*、《卫报》、*Elle* 杂志、《大西洋月刊》、在线杂志 *Slate*、*Rookie* 和新闻客户端 Buzzfeed 等。她是博客 Tiger Beatdown 的创始人，并借此获得了首届女性媒体中心社交媒体奖（Women's Media Center Social Media Award）。她曾是 *Rookie* 年鉴系列第一和第二年的特别介绍人物，也为 *Book of Jezebel* 做出过贡献。她住在纽约北部。

海伦·霍弗·韦勒 Helen Hover Weller

好莱坞黄金年代多产的娱乐作家。与弗兰克·辛纳特拉、亨弗莱·鲍嘉和小萨米·戴维斯等人一道，报道过黄金年代最耀眼的明星的八卦和逸闻。她的女儿希拉·韦勒的回忆录 *Dancing at Ciro's* 中详细描述过她的生活，其中讲述了20世纪50年代魅力与危险并存的日落大道。

小威廉·桑顿·"皮特"·马丁 William Thornton "Pete" Martin Jr.

长期担任《星期六晚邮报》的撰稿人和编辑，并因写作好莱坞名人特稿而出名。他的专栏"I Call On..."采访过莎莎·嘉宝、露西尔·鲍尔、格蕾丝·凯莉、宾·克罗斯比等人。

威廉·J. 韦瑟比 William J. Weatherby

广受赞誉的英国记者、作家和编辑。为伦敦的《卫报》和《星期日泰晤士报》撰稿,并担任 Farrar, Straus & Giroux 出版社和企鹅出版社的编辑。他的著作包括《詹姆斯·鲍德温:烈火中的艺术家》和《对话玛丽莲》。

理查德·梅里曼 Richard Meryman

记者和传记作家,为《生活》杂志撰稿和编辑。他采访过许多二十世纪最伟大的富有个性的人物,包括查理·卓别林、伊丽莎白·泰勒、奥森·威尔斯、路易斯·阿姆斯特朗、保罗·麦卡特尼、琼·里弗斯等。梅里曼为他的采访对象写过多篇传记。1992 年,他对玛丽莲·梦露的采访被改编成电视剧。